피터 드러커가 가르쳐주는

사람 중심의
경영 7원칙

이 도서의 국립중앙도서관 출판예정도서목록(CIP)은 서지정보유통지원시스템 홈페이지(http://seoji.nl.go.kr)와 국가자료종합목록 구축시스템(http://kolis-net.nl.go.kr)에서 이용하실 수 있습니다.
CIP제어번호: CIP2020043162(양장), CIP2020043166(무선)

피터 드러커가 가르쳐주는

사람 중심의
경영 7원칙

무라세 코스케 지음
(주)애드리치 마케팅전략연구소 옮김

DRUCKER'S Seven Principles
ドラッカーが教えてくれる 人を活かす経営7つの原則

발간사

피터 드러커.

비즈니스 업계에서 이 이름을 모르는 사람은 없을 것입니다. 그는 매니지먼트management, 즉 경영관리 방법을 체계화하여 현대 경영학을 확립한 20세기 최고의 경영학자이자 지성으로 알려져 있습니다. 지금의 세계적 기업들이 성장과 혁신을 이루는 데 많은 영향력을 미친 인물이기도 합니다. 그렇게 20세기 비즈니스의 근간을 세운 인물이 그때와는 달리 숨고를 틈도 없이 하루가 다르게 급변하는 환경에 내몰리고 있는 21세기의 기업에게 무엇을 가르쳐줄 수 있을까요?

2005년에 설립된 (주)애드리치는 올해로 창립15주년을 맞이했습니다. 유구한 역사를 자랑하는 기업들에 15년이라는 시간은 비할 바가 못 되지만, 21세기를 열면서 시작된 변화의 폭풍을 오롯이 맞아온 지난 시간은 역사적 기업들이 거쳐 온 격랑의 세월들을 압축해서 경험한 듯한 느낌입니다. 그리고 이제 우리는 과거에 경험하지 못한 또 한번의 큰 변화를 맞고 있습니다. 비대면이 낯설지 않게 되고 온라인 업무가 자연스러워진 현실적 디지털세상,

직장이라는 개념이 바뀌고 경영관리의 패러다임 시프트가 일어나는 한가운데에서 새삼 왜 우리는 20세기의 피터 드러커를 소환할까요?

아날로그와 디지털이 교차하는 혼합의 시대, 인터넷과 스마트폰의 출현으로 과거와는 전혀 다른 일상을 살고 있는 시대, 지식과 정보의 생성도 빠르고 소멸도 빨라 무엇이 미래세상을 끌고 갈지 예측조차하기 힘든 시대, 그런 혼돈의 시대에 살고 있는 우리는 다른 그 어느 때보다 위기관리와 의사결정 능력을 지닌 리더가 절실하게 필요하기 때문입니다.

피터 드러커는 '경영의 궁극적 목표는 인간생활의 향상'이라고 말합니다. 기업의 생산활동은 개인과 사회의 발전에 기여하는 데 그 의의가 있다고 보았습니다. 이 책의 저자는 그러한 경영을 '사람중심의 경영'이라고 부릅니다. 여기서 사람이란 고객, 조직구성원, 사회공동체 전부를 가리키며 기업은 이들을 이롭게 하는 경영에 초점을 맞추어야 한다고 주장합니다. 그 방법으로 이 책에서는 두 가지를 제시합니다. 마케팅과 혁신. 마케팅은 고객을 아는 것이고 혁신은 조직을 변혁하는 것입니다. 고객을 아는 것은 단순히 고객의 니즈를 파악하라는 의미를 넘어 모든 경영방향을 고객 중심으로 하라는 것이며, 조직 변혁은 구성원을 성장시키고 인간으로서의 행복추구권을 인정하고 이를 지원하라는 의미입니다. 이로써 기업은 개인과 사회공동체의 이익과 발전에 기여할 수 있다고 말합니다.

지난 15년간 우리는 괄목할 만한 성장을 이루었습니다. 앞으로의 15년도 우리는 무한 성장을 꿈꾸며 성과 창출에 매진할 것입니다. 변화의 급물살은 우리를 어떤 환경으로 떠밀지 알 수 없지만, 고객을 아는 마케팅과 조직을 성장시키는 혁신을 통해 우리는 어떤 환경의 변화에서도 끄떡없는 내공을 갖게 될 것입니다. 그런 의미에서 이 책은 어떻게 고객 마케팅을 하며 어떻게 조직을 혁신하면 좋을지를 가르쳐 주는 방법서이며, 특히 그 과정에서 위기관리와 의사결정이 필요한 리더들에게 좋은 참고서가 될 것입니다.

모쪼록 이 책이 하루하루 고군분투하는 경영자들과 열심히 일하는 많은 조직구성원들, 그리고 우리사회가 함께 행복해지는 길을 찾아가는 길잡이 역할을 하게 되기를 바랍니다.

감사합니다.

(주)애드리치 대표이사 사장 김재훈

서문

피터 드러커의 경영관리론의 핵심은 '인간 존중'입니다. 그의 인간 존중은 '기업은 결국 사람을 위해 존재한다'는 것을 전제로 합니다. 먼저는 기업생존의 열쇠인 고객을 위해, 기업성과의 동력인 조직 구성원을 위해, 그리고 궁극적으로는 사회구성원 모두의 행복하고 풍요로운 삶의 영위를 위해 기업이 존재하는 것이라고 말합니다. 나는 피터 드러커의 이 정신을 세상의 모든 경영 리더들에게 전달하고자 이 책을 씁니다.

나의 인생은 드러커로 인해 완전히 바뀌었습니다. 평범한 직장인에 불과했던 내가 경영 컨설턴트로서 쟁쟁한 실력파 경영인들을 대상으로 강연을 하고 그들로부터 찬사와 감사를 받는 리더로서게 된 것은 온전히 드러커의 영향 덕분입니다.

피터 드러커의 이론을 연구하는 많은 연구자·컨설턴트가 있는데, 그들마다 근본적 특징을 다루는 강조점이 다릅니다. 나는 드러커가 정말 말하고 싶은 것은 '논리가 아니라 감동으로, 경영기술이 아니라 원칙으로, 수익이 아니라 사람을 목표로 경영을 하라'는 것이라고 생각합니다. 그래서 드러커의 경영이론은 경영학이라기보다 인문학에 가까우며, 그렇기에 기존의 경영론과는 다른 시각에서 비즈니스의 본질과 리더로서의 사명이 무엇인지 가르쳐줍니다.

피터 드러커는 1909년 부유한 오스트리아의 관료 집안에서 태어났습니다. 그의 아버지는 무역성의 엘리트 고관이었으며 어머니는 오스트리아 최초로 의학을 공부한 여성으로 알려져 있습니다. 이런 이유로 드러커는 어린 시절부터 지그문트 프로이트와 조지프 슘페터 등 양친과 친분이 있는 많은 지식인들과 자연스럽게 접촉하며 자랐습니다.

드러커는 제1차 세계대전으로 인해 오스트리아-헝가리 제국이 해체되는 모습과, 그 후 독일 나치에 의한 홀로코스트를 목격하게 됩니다. 20세기 인류사에서 가장 참혹한 두 번의 전쟁은 그의 가치관에 매우 큰 영향을 미칩니다.

드러커는 '어떻게 하면 사람이 행복하게 살 수 있을까?', '어떻게 하면 세상이 평화를 얻을 수 있을까?'에 대해 생각했습니다. 그는 이 모든 불행의 원인이 전체주의에 있다고 여겼습니다. 조국 오스트리아를 비롯한 독일 나치즘 등의 전체주의는 개인의 이익을 무시한 희생, 억압, 강요, 폭력을 정당화하며 급기야 전쟁의 주범이 되어 인류에게 씻을 수 없는 아픈 역사를 남겼다고 생각한 것입니다. 그는 앞으로 이 같은 불행을 반복하지 않기 위해 이에

대항할 것을 결의합니다. 단, 그의 수단은 무력이 아니라 경영이
었습니다.

드러커는 생각했습니다. 전쟁의 궁극적 원인은 무엇인가?

'그것은 결국 경제의 실패다. 경제 상황이 좋으면 전쟁은 일어
나지 않는다. 경제가 좋아지기 위해서는 어떻게 해야 하나? 경제
의 최소 구성단위인 기업이 잘되면 된다. 높은 성과를 창출하고
구성원이 행복하게 일하는 기업, 높은 수준의 소비와 생산이 이루
어지는 사회가 되면 전쟁은 일어나지 않는다.'

기업이 영리 목적에만 치우치지 않고 개인과 사회의 행복을 추
구하는 경영을 한다면 개인은 행복하고 사회는 풍요로워져서 더
이상 전쟁이 일어나지 않을 것이라고 생각한 것입니다. 드러커는
그의 생각을 수많은 저서를 통해 표출하면서 현대 경영학의 새로
운 지평을 열었습니다.

피터 드러커의 저서를 관통하는 하나의 주제는 '사람'입니다.
그는 '경영이란 사람과 관련한 일'이라고 명확히 지적합니다. 유
대인인 드러커가 홀로코스트를 목격하면서 가장 중요하게 여긴
것이 '인간의 존엄'이었기 때문입니다.

피터 드러커는 단순한 경영 컨설턴트가 아니라 경제·경영에서
인감의 존엄을 어떻게 실현해 낼 것인지를 생각한 진정한 리더였
습니다. 그렇기 때문에 그는 20세기 가장 위대한 경영의 아버지
라고 불리게 된 것입니다.

경영은 인간의 존엄을 실현하기 위한 도구에 지나지 않는다. 조직의 목적은 구성원을 경영의 부속물로 여기지 않고 잠재 에너지를 끌어내어 자기실현하도록 하는 것이다. 경영의 모든 것을 인간을 중심으로 생각하라.[1]

나는 이 말에 담긴 드러커의 진의를 축약하면 다음과 같다고 생각합니다.

'사람을 행복하게 하라. 그것이 사람 중심의 경영이다.'

사람은 논리만으로 행복해지지 않습니다. 눈에 보이는 세계와 마음으로 느끼는 세계가 조화를 이루어야 행복해집니다. 경영도 마찬가지입니다. 눈에 보이는 성과와 마음에서 느끼는 성과가 조화를 이룰 때 조직은 건강하고 기업은 성장해 갑니다. 그것을 가능하게 하는 것이 바로 '사람 중심의 경영'입니다.

이 책은 피터 드러커의 가르침과 나의 경험을 토대로 어떻게 하면 사람 중심의 경영을 통해 조직 구성원으로 하여금 눈에 보이는 성과와 마음의 성과를 거두고 기업의 성장과 발전에 기여할 수 있게 하는지에 초점을 맞추었습니다. 이 책을 통해 경영(매니지먼트)의 참된 의미를 이해하고 리더로서의 가치가 무엇인지 인식할 수 있기를 바랍니다.

참고로 이 책에서 말하는 리더는 경영 활동의 최종 의사결정자인 최고경영자를 가리키지만 임원, 중간관리자도 의사결정에 관여하는 리더이므로 이들까지 시야에 두고 서술했습니다. 다만 최고경영자의 역할이나 책임을 강조하는 부분에는 '경영리더'로 특정해서 표기했습니다.

나는 피터 드러커의 경영론을 전파하는 컨설턴트로서 각종 세미나, 강연회를 오랫동안 진행해 왔습니다. 그렇다 보니 전반적으로 문장이나 표현이 학술적이기보다 다소 강의식 서술이 많은 점, 독자들의 양해를 미리 구하는 바입니다. 또한 본문과 연결되지만 본문에 담기에는 매우 사심이 많은 내용은 따로 각 원칙 말미에 포인트를 두어 덧붙였습니다.

자, 그럼 지금부터 피터 드러커가 가르쳐주는 일곱 가지 원칙을 통해 어떻게 사람 중심의 경영을 실천하는지 보도록 합시다.

차례

원칙1 고객 지향의 원칙: 마케팅 기업을 실현하다

원칙2 변혁의 원칙: 혁신 기업을 실현하다

원칙3 성과 집중의 원칙: 성과 지향 기업을 실현하다

원칙4 학습하는 조직의 원칙: 학습하는 기업을 실현하다

원칙5 리더십의 원칙: 리더십 기업을 실현하다

원칙6 사명의 원칙: 사명을 위해 일하는 기업을 실현하다

원칙7 사람 중심의 경영원칙: 매니지먼트 기업을 실현하다

고객 지향의
원칙

마케팅 기업marketing company을 실현하다

마케팅은 경영에서 가장 중요한 개념입니다. 마케팅은 단순한 판매기술이 아닙니다. 마케팅은 생산에서 판매에 이르는 모든 경영활동의 기준이며, 기업 관점이 아닌 고객 관점에서 사유하는 것을 전제로 합니다. 이러한 고객 지향 기업을 '마케팅 기업'이라고 합니다.

- **목표**
  고객으로부터 열렬한 사랑을 받고 시장에서 이기는 기업이 된다.
- **목표를 위해 무엇을 실현해야 하는가?**
  전체 구성원이 마케팅을 이해하고 고객 지향을 실천할 수 있는 시스템을 만든다.
- **실행**
  ① 마케팅의 핵심은 기업 관점이 아니라 고객 관점임을 숙지한다.
  ② 전체 구성원을 마케터로 육성한다.
  ③ 마케팅의 네 가지 정의를 실천한다.
- **실행 도구**
  ① 고객으로부터 배운 것을 기록하는 노트
  ② 마케팅 회의
  ③ 마케팅 감도

기업의 성패는 마케팅의 우열로 결정된다

일본 편의점업계 1위인 세븐일레븐은 한 점포당 매출액이 경쟁사보다 20% 이상 높습니다. 세븐일레븐은 왜 이렇게 강할까요?

그들은 고객 밀착을 가장 우선합니다. 철저한 고객 중심 마케팅으로 경쟁사를 압도하고 있기 때문입니다.

세븐일레븐은 참신한 PB private brand 신제품을 제조사보다 앞서 출시하는 것으로 유명합니다. 어떻게 제조사보다 발 빠르게 신제품을 기획할 수 있을까요? 그것은 자사에 누적되어 있는 구매 데이터를 통해 고객의 기호에 대한 상세한 정보를 파악하고 있기 때문입니다. 고객에 대해 더 많이 알고 더 깊이 이해하고 있기 때문에 최적의 제안을 할 수 있는 것입니다. 커피·음료, 디저트류 등을 비롯한 다양한 PB상품이 성공을 거둘 수 있었던 이유는 세븐일레븐이 고객 지향, 즉 마케팅을 잘하는 마케팅 기업이기 때문입니다.

고객을 알고 고객이 좋아하는 것이 무엇인지를 파악하는 것, 그리고 거기에서 기회를 창출해 내는 것이 마케팅입니다. 이 마케팅의 우열이 기업의 성패를 좌우합니다. 마케팅은 그만큼 중요한 경영활동입니다. 피터 드러커도 "경영의 가장 중요한 활동은 마케팅"이라고 말합니다.[1] '기업 관점이 아닌 고객 관점을 가지라'는 의미입니다.

우리 회사의 마케팅은 제대로 기능하고 있습니까?

마케팅의 핵심은 고객 관점

기업은 고객 없이 존재할 수 없습니다. 그래서 리더는 마케팅을 최우선에 두지 않으면 안 됩니다.

마케팅은 'Market+ing'가 합성된 용어입니다. Market은 회사 안이 아니라 고객이 있는 시장에 있으라는 의미고, ing는 그 시장이 끊임없이 운동하고 있다는 의미입니다. 지속적으로 움직이는 시장에 맞춰 사업(상품·서비스)을 적정화해 가는 것이 마케팅의 본질입니다. 그래서 중요한 것이 '관점'입니다. 지속적으로 움직이는 시장에 맞추려면 시장 입장에서 보아야 합니다. 즉, 기업 관점이 아닌 '고객 관점'으로 보아야 합니다.

모든 경영활동은 고객 관점에서 출발해야 합니다. 고객 관점에서 상품·서비스를 개발하고, 고객 관점에서 마케팅을 계획하며, 고객 관점에서 가치를 높여야 합니다. 그렇지 않고서는 혁신과 진보가 없는 경영사를 쓰게 될 것입니다.

사업이 원활하지 못한 것은 고객 관점에서 봤을 때 무언가 맞지 않는 것이 있기 때문입니다. 경영이 원활하지 못한 것은 고객 관점으로 보지 않기 때문입니다. 경영리더는 모든 조직 구성원이 고객 관점에서 생각하도록 교육해야 합니다.

도표 1-1

마케팅의 핵심은 고객 관점

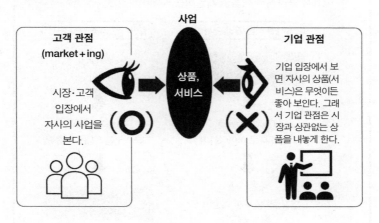

| 고객 관점 (market+ing) | 사업 | 기업 관점 |

고객 관점 (market+ing)
시장·고객 입장에서 자사의 사업을 본다.

사업
상품, 서비스

기업 관점
기업 입장에서 보면 자사의 상품(서비스)은 무엇이든 좋아 보인다. 그래서 기업 관점은 시장과 상관없는 상품을 내놓게 한다.

사례　**고객 관점에서 상품을 개발하는 K사**

마케팅 기업으로 유명한 K사는 빠른 상품 개발 속도를 자랑합니다. 일반 제조사의 배 이상의 속도로 상품을 개발하고 시장에 내놓음으로써 경쟁사가 진입하기 전에 선도적 이미지를 고객에게 심고 시장을 석권합니다. 어떻게 이것이 가능한지 K사의 상품 개발 과정을 듣고서야 이해할 수 있었습니다.

상품 개발은 '기초연구 → 상품 개발 → 시장조사'의 과정을 거쳐 진행하는 것이 일반적입니다. 그러나 K사는 반대로 시장조사를 먼저 하고 그 후에 연구와 상품 개발을 동시에 진행합니다. 고객 니즈를 기반으로 상품을 개발하기 때문에 높은 확률로 히트상품을 출시할 수 있었던 것입니다.

매장에서는 고객이 구입하기 쉽게 매대 진열을 합니다. K사는 판매자 입장의 '매장'이라는 호칭 대신 고객이 구입하는 장소로서 '구입장'이라고 부르고 철저히 고객 관점에서 상품을 진열합니다. 마케팅적 사고가 전체 구성원에게 깊이 침투해 있다고 할 수 있습니다.

도표 1-2

고객 관점에서 상품을 개발하는 K사

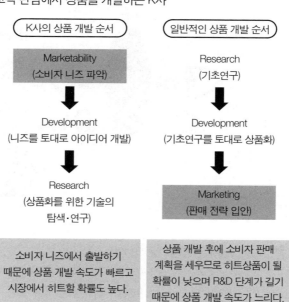

K사의 상품 개발 순서	일반적인 상품 개발 순서
Marketability (소비자 니즈 파악)	Research (기초연구)
↓	↓
Development (니즈를 토대로 아이디어 개발)	Development (기초연구를 토대로 상품화)
↓	↓
Research (상품화를 위한 기술의 탐색·연구)	Marketing (판매 전략 입안)

소비자 니즈에서 출발하기 때문에 상품 개발 속도가 빠르고 시장에서 히트할 확률도 높다.

상품 개발 후에 소비자 판매 계획을 세우므로 히트상품이 될 확률이 낮으며 R&D 단계가 길기 때문에 상품 개발 속도가 느리다.

또한 영업사원은 소매점에 대해 상품만 판매하는 것이 아니라 상품이 잘 팔리는 매대 진열법 등 소매점의 매출 확대에 도움을 주는 '판촉 컨설턴트'로서 영업활동을 합니다. 그러면 소매점의 매출이 오르고 자연스럽게 K사 상품을 우선해 매장에 두게 됩니다. 모든 것을 시장·고객 관점에서 보면 비즈니스의 선순환 구조가 만들어지게 됩니다.

조직 구성원을 마케터로 육성하기

피터 드러커는 "마케팅과 판매는 전혀 다른 개념이며 상호 보완할 부분조차 없다"라고 말합니다.[2]

　나는 마케팅과 판매는 '관점의 차이'라고 설명하고 싶습니다. 판매는 기업 관점에서 고객에게 상품을 판매하는 것이고, 마케팅은 고객 관점에서 고객에게 가치를 제안하는 것입니다. 말할 필요도 없겠지만, 우리 시대에는 판매가 아니라 마케팅을 해야 합니다. 어떻게 하면 고객에게 선택받을 수 있을지에 초점을 맞추어 고객 관점에서 자사의 상품·서비스를 객관적으로 파악할 수 있어야 합니다. 그러려면 전체 조직 구성원을 '마케터'로 육성해야 합니다. 사내의 어떤 부서, 어느 누구라도 고객과 관계없는 조직은 없기 때문입니다.

　제조업체 D사는 '전 사원이 고객 가치 향상에 매진하는 마케터가 된다'라는 기치 아래 마케팅부를 인사·총무·제조·영업·유통 등 모든 부서를 총괄하는 최상위 부서로 격상시키는 획기적인 시책을 실시했습니다. 각 부서는 마케팅부 영업과, 마케팅부 유통과, 마케팅부 인사과 등과 같이 되어 사업 활동 전체를 '고객 관점'에서 추진하고 있습니다.

　상상해 보십시오. 모든 구성원이 고객 관점에서 가치 향상에 매진한다면 사업은 얼마나 강력해질까요? 조직은 얼마나 대담해질까요? 나는 컨설팅에서 이 부분을 매우 강조합니다. 전체 구성

마케팅을 최상위 부서로 둔 D사

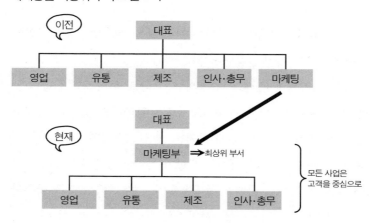

원이 마케터가 되어 고객을 알고 이해하고 가치 향상을 위해 노력
하면 기업은 반드시 성장할 것이라고 확신하기 때문입니다.

우리 회사의 구성원들은 마케팅을 이해하고 있는지, 고객 관점
에서 가치 향상에 매진하는 마케터로 육성되고 있는지 자문해 보
십시오.

우리는 고객을 잘 알고 있는가?

마케팅은 고객을 아는 것(=이해하는 것)입니다. 고객을 알수록 고객
에 대해 리더십을 발휘할 수 있게 됩니다.

마케팅의 궁극의 목적은 영업활동을 불필요하게 만드는 것입니다. 만약 어느 여행사가 당신의 가족 구성, 가고 싶은 여행지, 예산, 취향 등 당신에 대해 잘 알고 있고 그에 맞는 최적의 여행상품을 내놓는다면 여행사가 무리한 영업활동을 하지 않아도 당신은 자진해 그 여행사에게 일을 맡길 것입니다.

하지만 실상은 많은 기업이 고객을 거의 알지 못합니다. 안다고 착각하고 있을 뿐입니다.

나는 세미나에서 다음과 같은 질문을 자주 합니다.

① 가족 중에 자신이 잘 알고 있다고 생각하는 한 사람을 떠올려 보십시오.
② 그 사람에 대해 이야기한다면 얼마 동안 할 수 있습니까?
③ 오늘 집으로 돌아갈 때 그 사람에게 줄 작은 선물을 준비합니다. 선물을 받은 그 사람은 당신에게 무엇이라고 말할 것 같습니까?
④ 당신의 선물이 그 사람의 취향을 만족시킬 가능성은 어느 정도 있습니까?

결혼 20년차인 남편에게 아내에 대해 말하라고 하면 두 시간 정도는 거뜬히 말합니다. 그런데 선물을 건네면 아내로부터 '뭐하러 이런 걸……. 내가 좋아하는 색깔도 아닌데……'라며 타박을 듣는 사람이 절반 이상입니다. 오랜 시간 함께 생활해서 잘 알고 있다고 생각하는 배우자도 정작 무엇을 원하는지, 무엇을 좋아하는지 알지 못하는 경우가 많습니다.

그럼, 다음 질문입니다.

⑤ 비즈니스에서 당신이 잘 알고 있다고 생각하는 고객을 떠올려 보십시오(이를테면 오랫동안 거래를 해왔거나 구입 금액이 높은 고객 등).

⑥ 그 고객의 성격·취미·기호 등에 대해 시간제한 없이 이야기해 보십시오.

이 질문을 하면 아무리 잘 알고 있다고 생각하는 고객이라도 10분 이상 말할 수 있는 사람은 거의 없습니다. 이에 대해 나는 이렇게 질책합니다.

"배우자에 대해 두 시간 이상 말할 수 있다 해도 정작 취향은 알지 못합니다. 하물며 5분도 설명할 수 없을 만큼 잘 모르는 고객에게 최적의 상품과 서비스를 제공할 수 있다는 자신감은 어디서 나오는 것입니까? 그 자신감을 오히려 두려워해야 하지 않을까요?"

우리는 사실 고객을 전혀 알지도, 이해하지도 못하고 있습니다. 그래서 마케팅을 가동시켜야 하고 마케팅이 기능하고 있어야 합니다. 마케팅이 제대로 기능하면 고객을 알게 되고 최적의 상품·서비스를 제공하기 때문에 무리한 영업을 하지 않아도 고객에게 선택받을 수 있습니다.

매출이 오르지 않고 고객이 구입해 주지 않는 원인은 한 가지입니다. 마케팅이 기능하지 않는 상태, 즉 고객을 모르기 때문입니다.

고객이 구입하는 것은 무엇인가?

많은 기업이 자사가 팔고 싶은 것에만 관심이 있고 고객이 무엇을 가치로 여기는지 파악하려는 노력을 하지 않습니다. 고객에게 무언가를 팔고 싶다면 고객이 중요하게 여기는 가치가 무엇인지를 알아야 합니다.

포르쉐를 구입하는 고객은 이동 수단 때문만은 아닙니다. 브랜드 만족이나 포르쉐를 보유하고 있다는 사회적 인지를 더 추구하기 때문에 구입하는 것입니다. 고급 레스토랑을 이용하는 사람은 맛있는 음식뿐만 아니라 세련된 서비스나 고급스럽고 품격 있는 공간까지 구입하는 것입니다.

기업이 판매하는 것은 상품이지만 고객이 구입하는 것은 가치입니다. 고객은 '자신의 과제를 해결하는 수단'으로 상품을 구입합니다. 그 과제가 무엇인지, 과제 해결을 위해 어떤 가치를 제공해야 하는지를 생각하는 것이 마케팅입니다.

제약회사 P사는 자사의 약을 복용하고 있는 말기 암 환자들을 대상으로 조사를 했는데, 그들이 구입하는 것은 약이 아니라 연장된 수명이라는 사실을 알았습니다. 약이라는 제품을 통해 가족과 함께하는 시간의 연장권을 구입하고 있었던 것입니다. 이후 P사는 환자를 위해 가족 케어, 즉 환자를 포함한 가족 모두를 케어하는 토털서비스로 사업 영역을 확대했습니다. 환자 가족의 불안을 해소하기 위해 가족을 대상으로 약에 대한 설명회를 개최하는 등 이전보다 더 폭넓은 활동으로 환자와 가족에게 공헌하고 있습니다.

이처럼 고객이 가치로 여기는 것, 해결하고 싶어 하는 것이 무엇인지 깊이 생각할 때 마케팅은 보다 가깝게 고객의 마음에 다가가게 되고 고객조차 인식하지 못하는 과제를 보게 됩니다.

피터 드러커는 "지금의 상품·서비스가 만족시켜 주지 못하는 무언가가 있다면 그것이 무엇인지 반드시 찾아내야 한다"[3]라고 말하며 고객의 과제를 파악하는 것의 중요성을 강조하고 있습니다.

고객이 무엇을 구입하기 원하는지 알고 싶다면 다음 질문에 대한 답을 찾으십시오.

① 우리가 판매하고 있는 것은 무엇인가?
② 고객이 구입하고 있는 것은 무엇인가(해결하고 싶은 과제)?
③ 고객이 가치를 느끼는 것은 상품의 어떤 부분인가?
④ 상품의 사용 전과 후, 고객에게 어떤 변화가 발생했는가?
⑤ 무엇과 비교해서 우리 상품을 선택하는가? 고객의 과제 해결을 위한 다른 수단이 있는가?
⑥ 고객 관점에서 봤을 때 우리가 판매하고 있는 것은 무엇인가?

고객으로부터 배운 것을 기록하는 노트

고객을 알기 위해서는 '고객으로부터 배운다'는 자세가 중요합니다. 피터 드러커도 "고객과 시장을 가장 잘 알고 있는 사람은 고객 자신이다"[4]라고 말하며 어떻게 고객으로부터 그것을 배울 것인지를 생각하라고 지적합니다. 나는 드러커의 이 말에서 힌트를 얻어 '고객으로부터 배우는 노트'라는 것을 만들었습니다. 단순한 노트지만 매우 훌륭한 효과를 발휘합니다.

영업일지를 쓰는 분은 '오늘 고객으로부터 배운 것은 무엇인가?'라는 항목을 추가해 보시기 바랍니다. 이 질문을 추가하는 것만으로도 상당히 식견을 넓힐 수 있습니다. 나의 회사는 이 노트 덕분에 최근 5년간 매출이 네 배나 증가했습니다.

사업의 열쇠는 고객이 가지고 있습니다. 우리 사업에 대해 잘 아는 사람은 우리가 아니라 고객입니다. 고객을 직접 대면해 듣고 질문해서 가르침을 받아야 합니다. 이 이상 더 좋은 방법은 없습니다.

오늘 고객으로부터 배운 것을 기록하고 조직에서 공유하십시오. 그러면 고객 중심으로 사업을 재구성하게 되고, 다양한 부분이 개선됩니다. 그리고 그전에는 보이지 않던 새로운 사업 기회가 보일 것입니다.

마케팅의 네 가지 정의를 실천한다

앞서 말했듯 고객 중심 마케팅을 실천하는 회사를 마케팅 기업이라
고 합니다.

강력한 마케팅 기업을 실현하기 위해서는 다음의 네 가지 마케
팅 정의를 이해할 필요가 있습니다. 그리고 이를 실천해야 합니
다. 이해하는 것은 어려운 일이 아니지만 지속적으로 실천하는
데에는 인내가 필요합니다. 끈기 있게 실천해서 지속적 발전을
보장하는 마케팅 기업으로 진화해야 합니다.

마케팅의 네 가지 정의

① 마케팅은 고객을 아는 것이다

② 마케팅은 경쟁사를 아는 것이다

③ 마케팅은 변화 속에서 기회를 찾는 것이다

④ 마케팅은 위협을 기회로 만드는 것이다

① 마케팅은 고객을 아는 것이다

마케팅은 고객을 아는 것에서 출발합니다. 고객이 해결하고 싶
은 과제가 무엇인지, 만족하지 못하고 있는 욕구가 무엇인지를 알
아야 합니다. 그를 위해서는 시장에서 고객을 관찰하거나 고객에
게 직접 묻고 들어야 합니다. 책상 위에서 고객에 대해 상상하는
것은 망상입니다. 고객에 대한 것은 고객만이 알고 있다고 여기고,

다양한 루트를 통해 고객의 소리를 경청하는 것이 중요합니다.

② 마케팅은 경쟁사를 아는 것이다

비즈니스는 경쟁입니다. 고객은 상품·서비스를 구입할 때 반드시 경쟁 타사와 비교·검토합니다. 고객에게 선택받기 원한다면 경쟁사를 뛰어넘는 무언가를 제공해야 합니다. 경쟁사의 상품·서비스를 연구해서 그보다 더 좋은 기능·품질·가치 등을 제공해야 비로소 경쟁에서 이길 수 있는 기회를 얻습니다. 경쟁사에 대한 완벽한 정보를 얻지 못한다 하더라도 인터넷이나 고객으로부터 들은 정보만으로도 연구하기에는 충분합니다.

③ 마케팅은 변화 속에서 기회를 찾는 것이다

변화 속에는 기회가 숨어 있습니다. '숨어 있다'는 것은 적극적으로 변화를 인식하고 받아들이지 않으면 기회를 찾아내지 못한다는 의미입니다.

얼마 전 '후지산을 보면서 게 요리를 즐기자!'는 테마의 여행상품이 폭발적 인기를 끌었습니다. 일본인의 상식으로는 후지산과 게 요리는 전혀 관련성이 없는 묶음입니다. 후지산 부근에서는 게가 잡히지 않고, 게를 먹으려면 홋카이도로 가는 것이 상식입니다. 그러나 외국인에게는 게 산지가 아니어도 후지산과 게 요리로 일본을 만끽할 수 있으면 일거양득인 것입니다. 이는 일반적인 관광지 순례가 아닌 색다른 현지관광을 원하는 많은 외국인 관광객의 여행 스타일의 변화 속에서 기회를 찾은 사례입니다.

④ 마케팅은 위협을 기회로 만드는 것이다

변화뿐만 아니라 환경의 위협도 기회로 바꾸는 것이 마케팅입니다.

일본의 출생 인구는 지속적으로 감소해 현재는 연간 100만 명도 안 되는 상황입니다. 아이들을 타깃으로 하는 업계로서는 위협적 상황이 아닐 수 없습니다. 그런데 초등학생용 책가방 제조사 C사가 가격이 일반 책가방의 배 이상이나 하는 고급 책가방을 시장에 내놓았습니다. 업계는 '일반 책가방도 팔리지 않아 고민인데 고가의 책가방이 팔릴까?'라며 눈길조차 주지 않았습니다. 하지만 업계의 우려와는 달리 이 고급 책가방은 출시하자마자 순식간에 팔리고 예약도 쇄도하고 있어 C사는 시장뿐만 아니라 언론의 눈길까지 끌게 되었습니다. C사는 아이들의 수가 줄어들고 있는 위협적 상황이지만 그만큼 부모가 아이들에게 들이는 금액이 해마다 늘어나고 있다는 사실을 기회로 포착해 고급 책가방이라는 새로운 시장을 창출한 것입니다. (이 사례는 원칙 5에서 보다 상세히 설명하겠습니다.)

모든 조직 구성원이 고객을 알고, 경쟁사를 분석하고, 변화와 위협 속에서 기회를 찾아내는 회사가 마케팅 기업입니다. 마케팅 기업이야말로 기업의 존속과 발전에 필요한 자생력과 위기 대응

능력을 갖출 수 있습니다.

마케팅 회의를 통해 마케팅 습관화하기

마케팅 기업으로 진화하기 위해서는 조직에 마케팅 사고를 침투시키고 고객 관점을 습관화해야 합니다. 이를 위한 방법으로 월 1회 정도 마케팅 회의를 하는 것이 좋습니다.

〈도표 1-4〉는 마케팅 회의에서 논의할 목록입니다. ①~④는 주요 안건이고 ⑤~⑦은 다음 회의의 과제 및 실행 계획에 관한 내용입니다. 여기서는 ①~④에 대해 좀 더 상세히 보도록 합시다.

① 예전에 없던 사건
고객으로부터 예전에 없던 문의나 요청 사항이 왔다면 이를 주의 깊게 분석할 필요가 있습니다. 이는 '기업이 아직 인지하지 못하고 있는 이미 존재해 있는 시장·고객의 욕구'이기 때문입니다.

반려동물보험이 어떻게 탄생했는지 그 일화를 들어보셨을 겁니다.

어느 날 한 손해보험회사에 고객으로부터 이전에 없던 문의가 들어왔습니다.

"우리 강아지가 병이 들어 수술을 했는데 병원비가 300만 원이나 나왔어요. 혹시 동물보험 같은 것은 없나요?"

마케팅 회의에서 논의할 내용

목록	확인할 내용
① 예전에 없던 사건	고객으로부터 예전에 없던 문의나 요청사항이 있는가? 왜 그런 문의나 요청사항이 생겼는가?
② 고객 불만	어떤 불만 사항이 있는가? 그 불만은 어떻게 개선되었는가? 고객불만을 보고하는 과정에 장애요소는 없는가?
③ 벤치마킹	경쟁사나 이업종 기업에서 아이디어를 얻을 만한 것이 있는가?
④ 경쟁 상품 분석	새로운 경쟁 상품이 등장했는가? 경쟁 환경은 어떻게 변화하고 있는가? 우리의 전략에서 수정이 필요한 부분은 없는가?
⑤ 향후 자사에서 활용할 아이디어 정리	①~④의 내용에서 어떤 아이디어가 활용 가능한가?
⑥ 각 부서 간 의견 교환	부서 간 협의해야 하는 내용은 무엇인가? 협력이 필요한 사항은 무엇인가?
⑦ 다음 회의에서 논의할 마케팅 과제	수정 또는 점검해야 하는 사항이 있는가? 소비자조사가 필요한가? 특정 기한 내에 해결해야 할 일이 있는가?

이런 문의에 일반적으로는 이렇게 응대할 것입니다.

"죄송합니다, 고객님. 저희 회사는 사람을 대상으로 하는 보험만 취급하고 있습니다."

그러나 이 같은 문의의 가치를 알고 있던 직원은 보다 상세히 고객의 이야기를 들었고 이를 즉각 내부에 보고했습니다. 이윽고 시장조사를 통해 반려동물보험에 대한 수요가 많다는 것을 알게 되었습니다. 그렇게 해서 이 보험회사는 업계 최초로 반려동물보험을 상품화해 타사보다 앞서 큰 기회를 얻을 수 있었습니다.

② 고객 불만

불만을 알려주는 고객은 일반적으로 3% 정도라고 알려져 있습니다. 바꿔 말하면 불만을 알려주지 않은 채 조용히 경쟁사로 옮겨가는 고객이 많다는 의미입니다. 소수 고객의 불만 사항을 개선하면 경쟁사로 옮겨가는 다수 고객의 만족도까지 올릴 수 있습니다. 그래서 불만을 '기회의 소리'라고 여기는 기업도 있습니다. 즉, 불만 해소를 고객과 정서적으로 연결되는 기회로 삼는다는 것입니다.

따라서 불만제로운동은 절대 하면 안 되는 것입니다. 기업 활동을 하면 불만은 일정 비율로 반드시 발생합니다. 그런데 불만제로운동을 하면 직원은 고객의 불만 사항을 감추게 되고, 이는 조직을 심각한 위험에 빠뜨릴 수 있습니다. '고객 불만이 발생했을 때는 즉각 보고하되 불만의 원인에 대해서는 귀책을 묻지 않는다. 단, 보고하지 않고 숨겼을 경우 엄벌에 처한다.' 이런 자세가 고객 불만에 대처하는 올바른 방침입니다. 고객 불만은 내부 구성원들을 심리적으로 불편하게 하는 것임에는 틀림없지만, 이를 쉽게 보고하고 개선을 위해 신속하게 논의하는 조직 분위기가 마련되어야 할 것입니다.

③ 벤치마킹

마케팅 기업은 외부세계를 주의 깊게 관찰하려는 자세가 필요합니다.

업계 내부만 보고 있으면 발전의 동력을 얻을 수 없습니다. 그 안에서의 아이디어는 자사나 경쟁사나 대동소이하기 때문입니다. 전혀 관련 없는 업종이나 산업계에 새로운 힌트나 아이디어가 묻혀 있을 가능성이 큽니다. 다른 업계를 살펴보고 자사에 적용 가능한 것이 있는지를 살펴봅니다.

타사·타업종의 사업 모델, 경영 방식, 마케팅 기법 등을 모방해 시장 경쟁력을 높이려는 전략을 '벤치마킹'이라고 합니다. 이 창조적 모방 전략이 성공하면 업계의 고정관념을 뛰어넘는 아이디어로 시장에 일대 돌풍을 일으키고 경쟁우위를 확보할 수 있습니다.

새로운 가치를 창출하기 위해서는 업계의 상식을 의심해 보아야 합니다. 고정관념의 단단한 껍질을 깨려는 의지가 있어야 합니다. 업계 바깥에서 무슨 일이 일어나는지 늘 주의 깊게 관찰하십시오. 그러면 훨씬 폭넓고 훨씬 재미있고 훨씬 강력한 아이디어를 얻게 될 것입니다.

> **사례** **① 제약회사의 판매 방식을 벤치마킹한 제과업체**
>
> 제과업체 글리코 Glico[5]는 직장인들을 적극 공략하기 위해 찾아가는 서비스 '오피스 글리코'를 만들었습니다. 사무실에 과자 상자를 놓아둔 채, 구입을 원하는 사람은 옆에 놓인 현금 상자에 돈을 넣고 언제든 구입할 수 있도록 하는 것입니다. 이는 사무실에 비상약품을 비치하고 사용한 약에 한

해서만 정기적으로 결제하도록 하는 제약회사의 판매 방식을 모방한 것입니다.

다른 업계의 판매 방식을 벤치마킹한 글리코는 '사무실'이라고 하는 새로운 판매 채널과 '직장인'이라고 하는 새로운 고객을 확보할 수 있게 되었습니다.

사례 **② 주차비 과금 방식을 벤치마킹한 이발업체**

도심을 중심으로 사업을 전개하고 있는 남성 전용 미용실 QB하우스QB HOUSE는 '10분에 1000엔(한화 약 1만 원)'이라는 콘셉트로 업계에 일대 돌풍을 일으켰습니다.

QB하우스가 등장한 때에는 미용실이 편의점보다 많다고 할 정도로 과다 경쟁 상태였습니다. 신규로 진입할 매력이 별로 없는 시장이었음에도 불구하고, QB하우스는 등장하자마자 엄청난 인기를 끌었습니다. 그것은 QB하우스의 서비스가 업계의 상식을 깨는 것이었기 때문입니다.

우선 가격 면에서 보면 일반 미용실이 대체로 4000엔(한화 약 4만 원) 정도의 가격대인 데 비해 QB하우스는 1000엔입니다. 시간도 일반 미용실이 40분 정도, QB하우스는 10분입니다. 게다가 이곳은 머리 감겨주는 서비스가 없기 때문에 세면대가 없습니다. QB하우스는 왜 이런 비상식적인 아이디어를 내놓았을까요?

QB하우스의 '10분에 1000엔'이라고 하는 콘셉트는 코인 주차장의 시간제 과금 모델을 벤치마킹한 것입니다. 한 달에 한번, 혹은 두 달에 한번 자주 머리를 깎아야 하는 남성들에게 일반 미용실이나 이발소는 매우 부담스러운 곳입니다. 예약 없이 점심시간에 잠깐 들러서 이발할 수 있는 QB하우스는 비용 면에서나 시간 면에서 부담 없는 미용실, 가벼운 수준에서 작은 변화를 얻을 수 있는 미용실을 원하던 고객의 욕구를 충족시켜 주었던 것입니다.

④ 경쟁 상품 분석

비즈니스는 경쟁입니다. 어떻게 하면 고객에게 경쟁사보다 우선해 선택받을 수 있을지를 고민하고, 수많은 경쟁 상품과 비교했을 때 이길 수 있는 차별화 포인트를 생각합니다. 그러기 위해서는 먼저 경쟁 상품을 어디까지 규정할 것인지 생각해야 합니다.

지금은 카테고리 내에서만 경쟁하는 시대가 아닌 여러 가지 기능과 가치 등이 융합하는 컨버전스 시대입니다. 이업종, 산업 간의 경계가 사실상 무너졌다고 할 수 있습니다. 경쟁 상품의 규정은 카테고리가 아니라 자사 상품이 추구하는 가치와 편익에 따라 특정되어야 합니다. 동일한 가치나 편익을 추구하는 상품은 전부 경쟁 상태에 있다고 볼 수 있습니다. 그 상품들의 장점과 단점을 면밀히 분석하고, 특히 경쟁 상품의 뛰어난 부분을 자사 상품에 적용할 수 있는지도 검토해 봅니다.

경쟁 전략은 언제든 수정 가능합니다. 경쟁 환경의 변화에 따라 제때에 노선 변경을 할 수 있도록 정기적으로 경쟁 전략을 점검해야 합니다.

사업에서 중요한 것은 기회입니다. 마케팅 회의는 시선을 외부로 돌려 사업 기회를 발견할 수 있게 해줍니다. 이익은 기회의 추구에 의해서만 얻을 수 있기 때문입니다.

리더는 구성원이 문제보다 기회에 관심을 갖도록 유도해야 합니다. 문제에 대해 이야기하기 전에 먼저 기회에 대해 논의합니다. 조직을 문제가 아니라 기회에 집중하는 마케터 집단으로 만들어야 합니다.

마케팅 감도 높이기

사업의 주인공은 상품이 아닙니다. 사업의 주인공은 고객입니다. 고객에게 관심을 가지는 것은 기본 중의 기본입니다.

　기업의 고객에 대한 관심도를 마케팅 감도感度라고 하며, 조직은 이를 높이기 위한 방법을 강구해야 합니다. 조금 단순하지만 즉시 실천할 수 있는 간단한 방법을 소개하겠습니다.

　먼저 구성원 각자에게 자신의 업무에서 어떤 고객 지향적인 행동을 하고 있는지 쓰도록 합니다. 많이 쓰는 사람과 그렇지 못한 사람이 있을 것입니다. 이 차이가 마케팅 감도의 차이입니다. 많이 기록하는 사람은 마케팅 감도가 높은 고객 지향적인 사람입니다. 각자의 고객 지향 행동을 조직에서 공유하되, 특히 마케팅 감도가 높은 사람의 행동을 함께 실천하면 조직 전체의 마케팅 감도를 높일 수 있습니다.

　천재적인 마케터라고 불리는 사람은 마케팅 감도가 매우 높은 고객 지향적인 유형이 많습니다. 예를 들어 마쓰시타 고노스케松下幸之助[6]는 고객을 만날 때 의자의 배치, 출입문과의 거리 등까지 세심히 지시했다고 합니다. 성공의 배경에는 고객에 대한 사려 깊은 배려가 있습니다. 역동적으로 움직이는 고객(시장)에 민첩하게 대응하려면 조직은 지속적으로 마케팅 감도를 높여가야 합니다.

앞으로도 지속 가능한 성장을 이루기 원하는 기업은 경영활동의 모든 것을 시장과 고객에서 출발하는 마케팅 기업이 되어야 합니다. 그러려면 전체 구성원을 어떻게 시장 관점, 고객 관점으로 전환시킬 것인지, 어떻게 마케팅 감도를 높일 것인지를 생각해야 합니다. 사업의 성패는 상품이 아니라 고객과 시장에 있습니다.

온리 밸류 확립하기

고객에게 경쟁사보다 우선해 자사의 상품·서비스를 선택하도록 하기 위해서는 차별화가 필요합니다.

시장에서 자사 상품·서비스가 차별화되어 있는지는 가격민감도를 보면 알 수 있습니다. 경쟁사와 가격경쟁을 하고 있고 고객이 가격에 따라 이리저리 옮겨 다닌다면 차별화 되어 있지 않다고 할 수 있습니다.

온리 밸류only value란 결정적인 차별화 포인트, 즉 고객에게 선택받는 유일한 이유를 의미합니다. 주변을 둘러보십시오. 휴대전화, 가방, 양복, 셔츠, 시계 등 어느 것 하나 이유 없이 구입한 것은 없습니다. 고객은 이유 없이 구입해 주지 않습니다. '왜 경쟁사가 아닌 자사를 선택해야 하는지'를 설명할 수 있습니까? 이유를 설명할 수 없다면 고객의 선택도 기대할 수 없습니다.

온리 밸류가 필요한 이유는 대부분의 시장이 포화 상태에 있기 때문입니다. 우리는 점심 식사를 정할 때에도 식당, 편의점 도시락, 패스트푸드 등 선택안이 많습니다. 고객은 항상 여러 선택안을 비교합니다. 그런 고객에게 '자사가 아니면 당신은 만족할 수 없다'는 사실을 각인시켜야 합니다.

우리 제품의 온리 밸류는 무엇입니까? 무엇을 경쟁사와의 차이로 제시할 수 있습니까?

온리 밸류 발견 방법

① 고객으로부터 듣는다

왜 경쟁사가 아니라 자사를 선택했는지 고객에게 직접 물어봅니다. 고객의 구입 동기나 계기는 물어보지 않고서는 알 수 없습니다. 책상에서 생각하는 것은 대부분 추측이며 망상입니다. 매우 원시적인 방법처럼 보일지 모르겠지만 직접 물어보는 것만큼 확실한 방법은 없습니다.

물론 반드시 어떤 특별한 이유가 있어서 자사를 선택한 것이 아닌 경우도 많습니다. 그에 대해 고객조차 명확한 대답을 못할 수도 있습니다. 그래도 고객에게 직접 물어봐야 합니다. 반드시 자사의 온리 밸류를 알려줄 것입니다.

② 온리 밸류 발견 노트에 기입한다

'온리 밸류 발견 노트'란 〈도표 1-5〉처럼 빈칸에 단어를 채워 넣어 자사의 온리 밸류를 발견하는 방법입니다.

여기서 중요한 것은 빈칸에 들어갈 내용은 어디까지나 고객이 알려준 것이어야 합니다. 다만 고객이 알려준 내용이 정말 고객에게 가치가 있는 것인지는 검토해 보아야 합니다.

나는 어느 건설회사의 온리 밸류를 정하는 자리에 참석한 적이 있는데, '고객들이 우리 회사가 도심의 번화가에 있어서 접근성이 좋다고 하니 이것을 온리 밸류로 하자'라는 의견이 나왔습니다. 유흥업소라면 그럴 듯하지만 고객이 건설회사의 지리적 편의성을 중시하지 않는다면 그것은 온리 밸류가 될 수 없습니다. 고객 가치가 없는 것은 온리 밸류가 아니라 상품의 특성에 지나지 않습니다. 특성과 온리 밸류는 다릅니다.

명확한 온리 밸류는 해당 상품을 브랜드화해 줍니다. 고객이 브랜드로 인식하면 높은 수익을 보장받을 수 있습니다. 이러한 이유로 피터 드러커는 자신의 많은 저서에서 차별화의 중요성에 대해 강조합니다. 또한 온리 밸류는 고객에게 전달되지 않으면 존재하지 않는 것과 마찬가지입니다. 명확한 온리 밸류를 확립했다면 조직 구성원 모두가 이를 의식하고 적극적으로 전달해야 합니다.

온리 밸류 발견 노트

> 역시 A사의 (   )라는 상품(서비스)을 선택하길 잘했어.
> 왜냐하면 A사의 상품(서비스)에는 B사에는 없는 (   )이 있기 때문이지.
> 이는 A사가 (   )이기 때문에(있기 때문에) 가능한 거야.

협업으로 가치 증대하기

오늘날에는 자사 단독으로 고객에게 가치를 제공하기에는 역부족입니다. 고객의 다양한 욕구를 만족시키기 위해 너무나도 많은 가치가 제공되고 있어서 자사의 제공 가치를 차별화하기가 쉽지 않기 때문입니다. 이를 극복하기 위한 방법 중 하나가 협업입니다.

나는 고객 창조 경영이 전문 분야이므로 다른 분야는 그 분야의 전문가와 협업합니다. 협업 상대는 주로 세무사, 회계사, 변호사 등으로, 나와 관련성이 없지 않으면서도 분야가 겹치지 않기 때문에 고객에게 보다 폭넓은 서비스를 제공할 수 있습니다.

자사가 잘 하는 분야에 전념하고 거기에 많은 에너지를 쏟아붓는 기업은 그 분야에서 강력한 노하우를 갖게 되고, 고객 가치도 상승하게 됩니다. 그 외의 분야에서는 그것을 잘하는 기업과 협업하면 고객에게 보다 높은 만족을 제공할 수 있습니다. 덤으로 협업 상대로부터 신규 고객을 끌어올 수 있기 때문에 고객 수도 증가합니다. 특히 중소기업은 전국 전개가 가능한 대기업이나 업계 선두기업과 협업하면 토털서비스 제공이 가능해지므로 매우 큰 효과를 얻을 수 있습니다.

협업을 통해 자사 사업을 보다 광범위하게, 보다 차원 높은 가치 전개를 모색한다면 새로운 기회를 만날 수 있을 것입니다.

장기적인 고객 관계 형성

상품이 넘쳐나는 시대, 기업은 영업·광고 등의 활동을 통해 끊임없이 고객에게 자사 상품을 어필하고 구입해 줄 것을 권하고 있습니다.

고객은 많은 상품 가운데 어떤 것을 선택할지 고민하고 망설이지만, 정작 기업이 영업·광고 등에서 하는 말은 신뢰하지 않습니다. 자사 상품의 좋은 점만 내세운다는 것을 잘 알기 때문입니다. 그러면 고객은 구입할 때 누구와 상담할까요?

고객은 상품에 대한 객관적이며 공정한 의견을 원합니다. 온라인에서 체험 후기 글을 찾아보거나 SNS에서 의견을 묻는 등 해당 상품의 진실을 알려고 합니다. 이런 상황에서는 기존에 하던 밀어내기 방식으로는 아무리 상품 자랑을 많이 해도 팔리지 않습니다.

기업은 경쟁 상품을 포함한 시장의 상품에 정통하고, 고객이 구입에 실패하지 않도록 고객 입장에서 공평하며, 객관적으로 충고해 주는 '파트너'로서의 자세가 요구되고 있습니다. 상품 자랑만 늘어놓는 기업과 고객 편이 되어 고객이 최선의 선택을 할 수 있도록 도와주는 기업 중 어느 쪽이 더 신뢰를 받을지는 자명합니다.

고객으로부터 파트너로 인정받기 위해서는 철저히 고객 이익을 우선하고, 단기간의 이익을 얻는 데 초점을 맞추기보다 가치 있는 상품을 고객에게 권하는 것이 중요합니다. 이런 자세가 갖추어져야 비로소 고객은 자사를 신뢰할 수 있는 파트너로 여기고 지속적으로 자사 상품을 구입해 주는 장기적인 관계 맺기를 하게 됩니다.

고객과의 장기적 관계 형성은 비즈니스에 영속적인 이익을 가져다줍니다. 고객 생애가치를 높이려는 기업의 노력도 이 때문입니다. 예를 들어 동일한 슈퍼마켓에서 매주 5000엔(한화 약 5만 원) 정도 식료품을 구입하는 고객이라면 1년이면 지출액이 30만 엔에 가깝습니다. 당장의 수익을 위해 하자 있는 식료품을 판매한다면 고객은 두 번 다시 이용하지 않을 것입니다. 관동關東 지방(도쿄東京를 중심으로 혼슈本州의 동쪽에 위치해 있는 여섯 개의 현)에만 약 120개의 슈퍼마켓 체인점을 두고 있는 오케이스토어オーケーストア는 하자 있는 식료품을 정직하게 밝히는가 하면 제조사의 가격 인하 날짜를 알려주면서 기다렸다가 그때 구입할 것을 권하기도 합니다. 눈앞의 이익에 급급해 고객으로부터 획득 가능한 장기적 이익을 놓치지 않도록 해야 합니다.

오랜 전통을 자랑하는 노포는 장기간 신뢰관계를 쌓아온 고객을 기반으로 하고 있습니다. 3대, 4대를 이어가는 노포를 보면 고객과의 장기적 관계 유지가 기업의 영속성에 얼마나 중요한지를 알 수 있습니다. 고객과 장기적인 관계 구축, 기업이 후대에 물려 줄 유산입니다.

고객을 동기 부여의 원천으로 삼기

조직 구성원이 일의 보람을 어디서 느끼기를 원하십니까? 급여, 대우, 업무 내용, 인간관계 등 여러 부분이 있지만, 기업의 존재 의의는 고객에게 공헌하는 것입니다. 구성원은 자신의 일이 고객 공헌으로 이어진다는 사실을 인식하고, 그것을 최고의 보람으로 삼아야 합니다. 왜냐하면 고객을 동기 부여의 원천으로 삼을 수 있는 회사는 고객에게만 집중하는 마케팅 기업으로 진화했다는 증거이기 때문입니다.

고객이 동기 부여의 원천이 된 아웃도어용품 제조 공장의 사례를 봅시다.

아웃도어 용품을 제조·판매하는 C사는 공장 근로자의 대다수를 시간제로 고용했다. 그래서인지는 몰라도 그들 대부분은 사기가 낮고 야근을 싫어하며 주말 근무는 말도 못 꺼낼 정도여서 생산력은 떨어지고 효율성도 좋지 않아 경영자는 깊은 고민에 빠졌다.

그러던 중 경영자는 한 가지 아이디어를 냈다. 공장에 고객을 초청해 근로자들과 교류하는 기회를 갖게 한 것이다. 공장 근로자들은 고객과 접촉할 기회가 없으므로, 교류회를 통해 자신이 만든 제품이 고객으로부터 어떤 평가를 받는지 직접 이야기를 듣게 되면 동기 부여가 될 것이라고 생각한 것이다.

이 생각은 적중했다. 근로자들은 자신이 만든 제품을 고객이 매우 유용하게 잘 사용하고 있으며, 앞으로 출시될 신제품도 기대하고 있다는 등의 이야기를 고객으로부터 직접 들었고, 그 순간 그들의 마음에 열정이 일어나기 시작했다. "아무 생각 없이 일했는데 고객으로부터 감사 인사를 받고 신제품을 기다린다는 말에 얼마나 기뻤는지 모릅니다."

그 공장은 야근은 물론 주말까지 불평 없이 일하는 열정공장으로 바뀌었다.

우리는 언제 일하는 보람을 느낄까요? 누군가로부터 감사를 받을 때 아닐까요? 급여나 대우를 동기 부여로 삼는 경우, 그 조건이 나빠지면 구성원은 헌신하지 않게 됩니다. 그러나 자사 상품·서비스를 애용해 주는 고객을 위한다는 '고상한 동기'를 가진 구성원은 오랫동안 함께 헌신해 줍니다.

고객을 동기 부여의 원천으로 삼는 조직은 다른 조직을 이길 가능성이 큽니다. 그러므로 동기 부여가 필요한 구성원에게는 고객과 소통하고 고객의 마음을 알 수 있도록 고객과 직접 접할 수 있는 기회를 마련해 주는 것이 좋습니다.

인재 채용도 마케팅 관점으로

고객 마케팅과 마찬가지로 채용도 '일하는 사람 입장에서 매력적인 기업인가?'라는 관점에서 이루어져야 합니다. 인재의 유동성이 높아져 우수한 인력을 오랫동안 회사에 남아있도록 하는 것이 어려워지고 있습니다. 우수한 인재는 기업 경쟁력을 강화하는 데 매우 중요한 요소 중 하나입니다. 더구나 저출산으로 인해 노동 인구가 점점 줄어가고 있어, 조직 구성원이 회사에 대한, 자신의 일에 대한 자부심을 느끼고 지속적으로 회사에 공헌하도록 하는 것이 중요한 과제가 되고 있습니다. 그래서 채용에서도 마케팅이 필요합니다.

채용에서 고객은 학생·이직자입니다. 그들 입장에서 보았을 때 자사에서 일하는 것에 자부심을 느낄 수 있는지, 개인도 회사도 지속적인 성장 가능성이 있는지, 생산적인 일을 통해 보람을 느낄 수 있는지 등의 점에서 경쟁사보다 훨씬 매력적이어야 합니다. 〈도표 1-6〉은 채용 활동을 할 때 기업이 자문해 보아야 할 일곱 가지 질문입니다. 우수한 인재를 확보하기 위해서는 이 질문에 대한 답을 갖추고 있어야 합니다.

채용도 마케팅입니다. 우수한 인재에게 자사의 매력을 충분히 전달함으로써 타사에 우선해 자사를 선택하도록 만드는 채용 전략을 고려해야 합니다.

인재 채용 시 고려해야 할 마케팅 포인트

① 자사는 어떤 인재를 원하는가?
② 자사에서 일하는 장점은 무엇인가?
③ 타사가 아닌 자사를 선택하는 이유는 무엇인가?
④ 자사는 도전정신을 고무하는 비전이 있는가?
⑤ 구성원의 성장을 지원하는 제도가 있는가?
⑥ 주어지는 일은 가치 있다고 느낄 수 있는 것인가?
⑦ 자사의 이념에 맞는 인재인가?

마케팅 계획은 미래에 대한 테스트이며 불확실한 것이다

마케팅 계획은 미래에 대한 가설입니다. 실패할지 성공할지는 시장에 물어보기 전까지 알 수 없습니다. 그러므로 마케팅 계획을 검토할 때 리더가 결코 하지 말아야 할 것이 있습니다. '이 계획은 성공할 가능성이 있는가? 명확한 논리성이 있는가?'라는 질문을 하는 것입니다.

모든 마케팅 계획은 성공을 담보하지 않으며 누구도 확답을 할 수 없습니다. 다만 한 가지 확실한 것은 어쩌면 큰 성공을 거둘 수도 있는 아이디어가 이 질문으로 인해 시도도 못 해보고 사라져버린다는 사실입니다.

마케터의 태도는 미래 지향입니다. 반면 관리자의 태도는 현실

지향입니다. 미래의 영역에 있는 마케팅을 현실 지향인 관리자의
태도로 판단하면 진보의 가능성은 흘러가 버립니다.

포스트잇으로 유명한 3M은 창의적인 기업으로 유명한데, 최근
참신한 아이디어 상품의 출시가 둔화되고 있습니다. 이는 관리진
이 논리성, 확실성을 요구하고 있어서 마케터의 머리가 경직되어
버린 것이 이유 중 하나입니다.

"성공할지 실패할지는 아무도 모릅니다. 우선 시장에서 테스트
해 보고 고객의 반응을 알아봅시다." 이것이 마케팅 기업의 관리
자로서의 태도입니다. 확신은 누구도 할 수 없지만 가능성은 추
진하는 자에게만 있습니다.

주의할 점은 처음부터 너무 거창한 마케팅 계획은 세우지 않는
것이 좋습니다. 우선은 작은 규모로 테스트하면서 계획을 검증해
갑니다. 특히 신제품은 시장에 받아들여지지 않으면 결국 엄청난
재고를 떠안는 위험부담이 있기 때문에 작은 시장에서 마케팅을
테스트해 본 후 시장반응을 확인하면서 진행합니다. 긍정적 반응
이 많다고 판단될 때 본격적으로 전개합니다.

포인트

- 마케팅이란 모든 경영활동을 고객 관점에서 보는 것이다.

- '고객을 아는 것'이 마케팅을 시작하는 출발점이다.

- 고객이 자사 상품·서비스에서 얻는 가치는 무엇인가?

- 고객이 해결하고 싶어 하는 문제는 무엇인가? 그것을 자사가 어떻게 해결해 줄 수 있을까?를 생각하면 새로운 상품·서비스의 창출기회를 얻는다.

- 마케팅 기업이란 철저히 고객 지향적인 기업을 말한다.

- 마케팅 기업은 항상 기회를 탐색하며 변화나 위협도 기회로 만드는 도전적 조직이다.

- 자사만의 온리 밸류를 확립한다.

- 고객과 영속적인 파트너 관계를 구축하면 지속적인 이익을 확보할 수 있다.

- 인재를 확보하는 것이 최대의 과제가 되는 날이 곧 올 것이다.

- 사람은 의외로 급여에 따라 움직이지 않는다. 급여에 따라 움직이는 사람은 회사의 어떤 것도 동기 부여가 되지 않았다는 뜻이다.

- 막대한 비용이나 시간을 필요로 하지 않는 마케팅 계획이라면 우선 실행해 본다. 결과에 대한 예측을 너무 정교하게 하거나 실패에 대한 두려움 때문에 주저하게 되면 실행의 기회를 놓치게 된다. 오늘날의 마케팅은 내용도 중요하지만 실행 시기도 중요하다. 시대가 매우 빠르게 변화하고 있기 때문이다.

원칙 2

변혁의
원칙

혁신 기업 innovation company을 실현하다

기업은 계속 진화하고 질적으로 성장해 가야 합니다. 왜냐하면 시장이 끊임없이 변화하고 발전해 가고 있기 때문입니다. 변화하는 시장에 대응하지 못하면 사업은 쇠퇴의 운명을 맞게 될 것입니다. 리더에게는 과거의 성공체험에 묶이지 않고 시장에 발맞춰 자사를 바꾸어가는 혁신 사고가 필요합니다.

- **목표**
  시장의 변화에 맞춰 스스로 변화하고 도전하는 혁신조직이 된다.
- **목표를 위해 무엇을 실현해야 하는가?**
  전체 구성원이 혁신을 이해하고 추진할 수 있는 시스템을 만든다.
- **실행**
  ① 변화의 필요성을 공유한다.
  ② 진부해진 것들을 정기적으로 버리는 시스템을 만든다.
  ③ 고객 관점에서 혁신·개선을 추진한다.
- **실행 도구**
  ① 폐기회의
  ② 혁신 발상 회의
  ③ 혁신워크시트

혁신자

어떤 사람을 혁신자라고 할 수 있을까요?

2015년 일본에서 매우 독특한 패션쇼가 열렸습니다. 의족을 착용한 여성들에 의한 패션쇼입니다. 출연자는 의족이 드러나는 번쩍이는 의상을 입고 마치 사이보그 같은 모습으로 무대에서 멋지게 런웨이를 합니다. '의족=숨기는 것'이라는 인식을 '의족=개성'이라는 인식으로 바꾼 순간입니다. 콤플렉스라고 할 수 있는 신체적 장애를 공공연하게 선보인 그들은 스스로를 '의족녀義足女子'라고 불렀고, 사진집도 출간했습니다. 이후 전 세계적으로 의족을 착용한 모델들에 의한 패션쇼가 많아졌고, 그중에는 전문 모델로 활동하는 사람도 있습니다. 장애를 장애로 여기지 않고 도전하는 사람. 이들이야말로 세상을 바꾸는 혁신자입니다.

상식과 관습에 매이지 않고 새로운 견해와 창의적인 제안을 적극적으로 받아들이며 미래를 열어가는 사람, 그 사람이 바로 혁신자입니다.

1997년의 애플사 광고를 보면 혁신자에 대한 힌트를 좀 더 구체적으로 얻을 수 있습니다.

미친 사람들이 있다……. 그들을 미쳤다고 하지만 우리는 그들을 천재라고 생각한다. 세상을 바꿀 수 있다고 진심으로 믿는 사람들이야말로 정말 세상을 바꾸기 때문이다.

혁신자는 규정을 거부하고, 현재를 긍정하지 않으며, 자신의 신념을 믿고 세상을 바꾸어갑니다. 혁신자의 행동은 때로 오해를 사기도 하지만 그럼에도 강한 기개와 패기로 진화를 멈추지 않는 사람들입니다.

애플사의 광고는 이러한 내용으로 시대에 도전하는 혁신자들에 대해 말하고 있습니다.

한마디로 혁신자는 '상식을 깨고 도전하는 사람'입니다. 이를테면 재즈, 록, 클럽뮤직 등 새로운 장르의 음악이 처음 세상에 나올 때는 전부 기이한 모습으로 보입니다. 사람들은 전에 없던 그런 괴상한 음악을 싫어하고 회피합니다. 그러나 혁신자는 그런 것에 신경 쓰지 않습니다. 자신이 추구하는 세계야말로 진실이라고 믿는 신념이 있기 때문입니다. 혁신자는 세상에 자기를 맞추는 것이 아니라 자신에게 맞게 세상을 바꾸려고 합니다. 세상은 그들을 무모하다거나 도발적이라고 비난하기도 합니다. 세상의 눈에 혁신자는 기이한 이상 추구자로 보일 뿐입니다.

그러나 인류를 진보시켜 온 것은 다름 아닌 이들 혁신자임을 우리는 이제 알고 있습니다. 그들은 지금까지 본 적도 경험한 적도 없는 세상을 열었고, 누군가는 지금 또 다른 세상 아무도 가보지 않은 세상의 문을 열려고 하고 있습니다.

만약 당신의 아이디어가 주변으로부터 비난받거나 조소를 받는다면 너무 절망하지 않기 바랍니다. 그것은 당신이 혁신자라는 사실을 말해주는 것일 수도 있습니다.

도표 2-1

경영은 마케팅과 혁신을 통해 지속적으로 고객을 확보하는 것

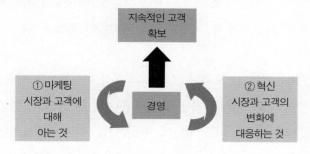

혁신은 버리는 것에서 출발한다

사업의 영속성은 지속적인 고객 확보에 있습니다. 그를 위해 경영은 두 가지 기능을 가동시켜야 합니다. 바로 마케팅과 혁신입니다.

마케팅은 원칙 1에서 여러 번 언급했듯이 '고객을 알고 깊이 이해하는 것'을 말합니다. 혁신은 마케팅을 통해 확인한 '고객의 과제·욕구 등에 대응하기 위한 새로운 활동'이라고 할 수 있습니다. 고객이 어느 쪽을 향해 가는지 알아야 혁신의 방향을 정할 수 있고, 그 혁신이 고객에게 가치가 있는 것입니다.

혁신은 변화하는 시장에서는 필수 조건입니다. 계속적인 혁신 없이 기업은 살아남을 수 없습니다. 그런데 현실은 그렇지 않습니다. 사람은 본성적으로 변화를 싫어하고 안정을 추구하기 때문에 변화가 생각처럼 쉽지 않습니다.

혁신의 가장 큰 장애 요소는 과거의 성공체험·고정관념입니다. 혁신을 위해서는 가장 먼저 이러한 것들을 버려야 합니다. 피터 드러커도 "혁신을 위한 첫 번째 일은 폐기하는 것이다"[1]라고 말합니다.

폐기하는 일에도 노력이 필요합니다. 의도적 폐기를 위해서는 정기적으로 폐기회의를 갖는 것이 좋습니다. 폐기회의는 한 달에 한 번, 여덟 명 정도의 구성원이 적당합니다. 사내에 필요 없어진 서류, 제도, 거래가 없는 고객, 오래된 사고방식 등 진부해진 것들을 가져와 폐기 여부를 결정합니다. 폐기가 결정된 것은 일정 기간 방치해 두고, 특별한 지장이 발생하지 않는 것을 확인한 후 최종적으로 폐기합니다.

혁신은 폐기하는 것에서 시작됩니다. 조직도 마찬가지입니다. 변화를 위해 이런저런 시도를 해보지만 지속되지 못하고 흐지부지된 적이 적지 않게 있을 것입니다. 가장 큰 원인은 버리지 않았기 때문입니다. 조직 구성원의 상태를 컵 안에 든 물의 양으로 비유해서 본다면 그들은 물이 차고 넘치는 상태입니다. 많은 업무량, 성과에 대한 심리적 압박감, 스트레스 등으로 새로운 무엇이 더해질 여유가 없는 것입니다. 그렇다 보니 변화를 위해 이런저런 시도를 부어보지만 넘쳐흐르는 물에 속절없이 흘러가 버리게 되는 것입니다.

리더는 새로운 시도를 시행하기 전에 컵의 물을 줄일 필요가 있습니다. 즉, 변화에 도움이 되지 않는 것들을 버립니다. 그리고 공간이 생기면 거기에 새로운 시도를 붓습니다.

애플사의 스티브 잡스는 명상을 자주 했다고 합니다. 명상은 잡념을 없애고 정신에 공백을 만들어 주므로 창의성이 극대화된다고 합니다. 혁신도 마찬가지입니다. 우선 오래된 것을 정기적으로 버리고 공백을 만듭니다. 거기에 새로운 바람을 불어넣으면 생각은 신선함을 유지할 수 있습니다.

성공체험·고정관념의 오류

혁신의 가장 큰 장애 요인은 과거의 성공체험·고정관념입니다. 혁신을 위해서는 가장 먼저 이 둘을 버려야 합니다. 우리는 과거의 경험을 바탕으로 일의 성사를 판단하는 경향이 강합니다. '이렇게 했더니 성공했다, 그렇게 해봤는데 안 되더라……' 등. 그래서 과거의 경험을 배제한 채 일을 진행하기란 매우 어렵습니다.

기업 경영뿐만 아니라 현실의 우리 삶에서도 경험의 영향으로 편견에 빠지거나 편향된 감정을 갖게 되는 경우가 적지 않게 있습니다. 에피소드를 하나 소개하겠습니다.

호스피스 병동. 매일매일 강력한 진통제로 통증을 완화할 수밖에 없는 말기 암 할머니가 있었다.

할머니는 언제나 밤이 되면 통증으로 인해 호출벨을 수시로 누르고 죽여 달라고 소리쳤다. 베테랑 간호사도 처음에는 적극적으로 대응했지만 사실 딱히 해줄 수 있는 처치도 없고 또 그런 날들이 매일 반복되다 보니 나중에는 응대조차 하지 않게 되었다.

며칠 뒤 병동에 실전 경험이 전혀 없는 실습생이 왔다. 그 실습생이 처음으로 야간 근무를 하던 날. 그 밤에도 변함없이 할머니는 호출벨을 눌렀다. 실습생은 긴장된 마음으로 병실로 향했다. 자신이 해줄 수 있는 게 아무것도 없다는 것을 잘 알고 있기 때문이다.

아프다, 죽고 싶다, 죽여 달라고 소리치는 할머니를 눈앞에 두고 잠시 멍하게 서있던 실습생은 갑자기 무슨 생각을 했는지 세숫대야에 따뜻한 물을 가져와서는 할머니를 침대에 앉히고 무릎을 꿇고서 할머니의 발을 씻기기 시작했다.

그러자 이상한 일이 일어났다. 그때까지 고래고래 소리 지르던 할머니가 갑자기 조용해지면서 얌전히 실습생의 발마사지를 받고 있는 것이었다. 발을 다 씻기고 나자 할머니는 이렇게 말했다. "고마워요. 이제 더 이상 죽고 싶다는 말, 하지 않을게요."

할머니에게서 이런 마음의 변화가 왜 일어났는지는 모른다. 어찌되었든 다음날부터 할머니의 비통한 호출벨은 더 이상 울리지 않게 되었다. 할머니의 얼굴에는 온화한 미소가 돌아왔고, 마지막까지 평온한 날들을 보내셨다.

이 이야기는 나의 세미나에 참석한 어느 병원장으로부터 들은 실화입니다.

할머니는 경험 많은 베테랑 간호사가 아니라 실전경험이 전혀 없는 실습생으로부터 마음의 평화를 얻었습니다. 물론 간호사에게 기량이 없었던 것이 아닙니다. 이 이야기가 가르쳐주는 것은 '지금까지의 경험'을 근거로 하는 '경직된 사고'가 얼마나 쉽게 편견을 갖게 하는지, 그 인식의 오류가 결국엔 잘못된 판단을 내리게 한다는 사실입니다. 엄혹한 비즈니스 세계에서 이 같은 인식의 오류는 치명적인 위협이 될 수 있습니다.

과거의 성공체험은 잊으십시오. 고정관념을 버리십시오. 거기에 묶이지 않는 자유로운 사유가 있는 곳에 혁신의 아이디어가 탄생하고, 새로운 비즈니스 기회를 발견할 수 있습니다.

일곱 가지 혁신 기회

피터 드러커는 그의 저서 『위대한 혁신Peter Drucker on Innovation』(2002)에서 다음과 같이 혁신의 기회를 제시합니다.

　① 예전에 없던 사건
　② 간극
　③ 상품 도달 과정
　④ 시장과 업계의 구조 변화
　⑤ 인구 구조 변화

⑥ 가치관·인식의 변화

⑦ 새로운 지식

① 예전에 없던 사건

원칙 1에서 말했듯이 고객으로부터 예전에 없던 문의나 요청 사항이 있다면 그것은 기회입니다. 기업이 아직 보지 못하고 있는, 이미 존재해 있는 시장(고객)의 욕구를 알려주는 것이기 때문입니다.

그러므로 새로운 고객층이 출현했거나 예전에 없던 문의가 있을 때는 이를 흘려보내지 말고 원인을 철저히 조사하고 분석합니다. 거기에서 새로운 가치를 창출하는 힌트를 얻게 될 것입니다.

얼마 전 피터 드러커의 경영법이라는 주제로 세미나를 열었는데, 거기에 대학 3학년 재학 중인 학생이 참가했습니다. 학생이 참석 못하는 자리는 아니지만 일반적으로 이런 세미나는 기업 경영인을 대상으로 합니다. 그런데 젊은 학생 한명이 중년의 경영인들 사이에 덩그러니 앉아 있으니 눈에 띄기도 하고 이상하기도 했습니다. 세미나가 끝난 후 그 학생에게 왜 참석했는지를 물었는데 의외로 단순한 이유였습니다. 앞으로의 취업 활동에 대비하려는 목적으로 실전 경영을 좀 더 이해하고 싶다는 것입니다. 물론 대단히 야심찬 이유를 기대한 것은 아니지만 지극히 현실적인 목적에 조금 실망도 했습니다. 하지만 분명한 것은 이 대학생은 예전에 없던 새로운 고객층이라는 사실입니다. 아마도 나는 전국

의 대학교를 돌며 취업 활동을 앞두고 있는 대학생을 상대로 세미
나를 개최하는 새로운 사업을 할 수 있을지도 모르겠습니다.

② 간극

여기서 말하는 간극gap이란 기업이 생각하는 현실과 고객의 이
상 간의 차이를 말합니다. 저비용항공사low cost carrier: LCC의 등장으
로 우리는 보다 저렴한 요금으로 비행기를 이용할 수 있게 되었습
니다. 저비용항공사가 등장하기 전에는 모든 항공사가 풀서비스
를 제공한다는 이유로 높은 운임을 요구했습니다. 그런데 기업의
풀서비스 제공(현실)과 고객의 저렴한 요금 요청(이상) 간에 간극
이 발생하게 되었습니다. 저비용항공사는 이 간극을 메우기 위해
등장했고 큰 호응을 얻었습니다. 고객이 원하는 이상과 기업의
현실 사이에 간극이 있으면 그곳을 주목하십시오.

③ 상품 도달 과정

상품이 고객에게 도달하기까지의 과정에서 약점이나 단절된
곳이 있다면 그것을 해결하는 것만으로 새로운 사업이 될 수 있습
니다.

안경을 온라인으로 구입하는 사람은 많지 않을 것입니다. 안경
은 실제 써보지 않고서는 자신의 얼굴과 어울리는지 어떤지 알 수
없기 때문에 직접 안경점에 가서 구입하는 것이 일반적입니다.
그런데 어느 안경 제조업체가 '안경 피팅 서비스'라는 것을 제공

하면서 온라인 판매를 시작했습니다. 고객이 제조사 사이트에 회원 등록을 한 후 구입 후보 안경을 몇 개 골라 신청하면 그것을 자택으로 보내 직접 써볼 수 있도록 합니다. 고객은 집에서 편안히 쇼핑을 즐기고 여러 개를 착용해 본 후 최종적으로 마음에 드는 것만을 구입하면 됩니다.

구입했는데 마음에 들지 않거나 어울리지 않을 경우의 불안 심리가 구매 허들로 존재하는 온라인 판매의 약점을 이 업체는 피팅 서비스를 통해 해결했고, 이런 편리한 서비스로 인해 온라인으로 안경을 구매하는 사람이 증가했습니다.

④ 시장과 업계의 구조 변화

업계는 견고해서 그 구조가 쉽게 변하지 않을 것처럼 느껴집니다. 그러나 업계 구조라고 하는 것은 신규 진입자에 의해 매우 간단히 와해되어 버립니다.

아마존닷컴이 온라인으로 책을 팔기 시작했을 때 많은 서점들은 '온라인으로 책을 구입하는 사람이 있겠어?'라며 비웃었습니다. 그러나 그렇게 말한 서점의 대부분이 아마존닷컴에 매출을 빼앗겨 힘든 현실에 직면해야 했습니다. 디지털이 지배하는 세상에서 업계 구조라는 것은 더 이상 견고하지도 질서정연하지도 않게 되었습니다.

제조사는 도매상이나 소매상을 거치지 않고 온라인을 통해 직접 고객에게 판매할 수 있습니다. 편의점이나 소매점은 고객과 직접 접촉하고 고객 한 사람 한 사람의 구매 데이터를 축적하고 있으므로 제조사보다 더 발 빠르게 신제품을 제안할 수 있습니다. 수많은 팬층을 보유하고 있는 애플사는 자사 공장이 없지만 그 압도적인 마케팅력으로 고객을 매료시키고 고객의 압도적인 지지를 받고 있습니다.

자사 사업이 관계하는 업계에 어떤 변화가 있는지 면밀히 살펴보십시오. 시장과 업계의 구조 변화는 사실상 기업의 존속을 결정짓는 변수입니다. 그 변화의 파도를 넘지 않고 익숙한 우물 안에 머물고자 한다면 생존의 길을 찾지 못한 채 고립된 우물 안에서 어두운 결말을 맞게 될지도 모릅니다.

⑤ 인구 구조의 변화

피터 드러커는 "인구 구조의 변화는 이미 발생한 미래이며 수십 년 후, 아니 수년 후에는 사업에 영향을 미치리라는 것을 알고 있지만 대부분의 기업이 그 사실을 사업 전략에 반영하지 않고 있다"라고 말합니다.[2]

최근 일본의 대형 입시학원들이 본원을 제외한 분원 대부분을 폐원했습니다. 이는 현재의 출생 인구가 매년 100만 명도 되지 않는 것을 생각하면 당연한 경영 판단이라고 할 수 있습니다.

인구 구조의 변화가 자사 사업에 어떤 영향을 미치는지 고찰해 보고 그 변화에 어떻게 대응해야 지속적인 수익을 확보할 수 있는지를 생각해야 합니다.

사례 **어린이용에서 성인용으로 타깃을 확산한 빙과업체**

1981년에 출시된 '가리가리군ガリガリ君'이라는 빙과는 1990년대 중반까지 인기 브랜드로 줄곧 판매 호조를 보이다가 1990년대 후반부터 하락세의 길을 걷게 되었습니다. 원인으로는 경쟁 심화, 가격 상승 등 여러 이유가 있으나 가장 큰 요인은 저출산으로 인해 주요 고객인 어린이의 인구가 줄었다는 것입니다. 위기에 빠진 '가리가리군'은 타깃을 성인으로 확대하기로 결정했습니다. 지금의 성인은 과거 이 제품을 애용한 고객이었기에 그들에게는 낯설지 않은 친숙한 브랜드이며, 그래서 다시 만나면 반갑고 어릴 적 추억을 떠올리게 하는 감성 브랜드로서 반드시 수용해 줄 것이라고 생각한 것입니다. '가리가리군'은 제품의 맛을 바꾸고 외관을 바꾸고 광고 스타일을 바꾸는 등 자신과 함께 자라온 성인 타깃처럼 어린이의 모습이 아닌 성장한 모습을 보이고자 노력을 아끼지 않았습니다. 그 결과 사라질 위기에 처했던 '가리가리군'은 다시 소생할 수 있게 되었습니다.

⑥ 가치관·인식의 변화

고객의 가치관이나 인식에 어떤 변화가 있는지 항상 관찰해야 합니다. 사실 가치관이나 인식이 쉽게 변하는 것이 아니지만, 사회 환경의 변화 속도가 추적할 수 없을 정도로 빠르게 변화하고 있는 만큼 가치관이나 인식의 변화 속도 또한 예전과 동일한 속도를 유지하고 있다고 볼 수는 없습니다. 그러므로 늘 고객을 예의 주시하고 그 변화를 어떻게 해석해서 어떻게 대응할지를 생각해야 합니다.

예를 들어 지금의 편의점에는 상온으로 판매하는 주스 음료가 있습니다. 주스는 차게 해서 마신다는 것이 상식이었지만 너무 차

가운 음료는 몸에 좋지 않다고 하는 건강 지향적인 인식의 강화로 인해 주스를 냉장뿐만 아니라 상온으로도 판매하게 된 것입니다.

업계의 상식은 혁신의 장애 요인입니다.

⑦ 새로운 지식

여기서 말하는 새로운 지식이란 기존에 없던 혁명에 가까운 기술적 지식을 말합니다. 이 지식을 이용해 이전에 없던 새로운 비즈니스를 창출할 수 있습니다. 이를테면 인터넷을 이용한 아마존 닷컴의 사업 구조나 유도만능줄기세포induced pluripotent stem cell: iPSC의 발명을 이용한 신약 개발 같은 것입니다.

이러한 종류의 지식은 비즈니스가 되기까지는 막대한 비용과 시간을 필요로 하므로 주로 대기업이나 연구기관에서 활용할 수 있습니다.

이상의 일곱 가지 혁신 기회는 시장의 변화와 호흡을 같이합니다. 따라서 혁신은 환경의 변화에 민감하고 변화를 적극적으로 수용하고 거기에서 기회를 모색하려는 기회 지향적 조직이어야 가능합니다.

기회를 발견하기 위해서는 '혁신 발상 회의'를 반복적으로 갖는 것이 좋습니다. 〈도표 2-2〉와 같은 시트를 만들어 일곱 가지 기회를 계속 확인하고 이를 어떻게 사업 기회로 바꿀지를 논의합니다.

도표 2-2

혁신 발상 회의 시트

일곱 가지 기회	주목할 만한 일은?	사업기회로 만들기 위해서는 어떻게 해야 하나?
① 예전에 없던 사건		
② 간극		
③ 상품 도달 과정		
④ 시장과 업계의 구조 변화		
⑤ 인구 구조 변화		
⑥ 가치관 인식의 변화		
⑦ 새로운 지식		

사업 혁신 방법

지금의 사업이 한 단계 더 도약하려면 혁신이 필요합니다.

택배 서비스가 출현하기 전까지 우리는 스키 장비를 들고 버스를 타거나 골프 가방을 가지고 이동하는 것이 지극히 당연한 일이었습니다. 그러나 이제 그런 광경은 볼 수 없습니다. 택배회사가 스키 택배, 골프 택배 등의 서비스를 개발하고 난 다음부터 물류 세계는 완전히 바뀌었습니다.

현재 수행하고 있는 사업에서 혁신을 원한다면 〈도표 2-3〉과 같은 혁신워크시트를 활용해 보십시오. ①~④ 순서대로 기입해 가면 혁신의 길이 보일 것입니다. 여기서는 택배서비스 사례를 적용해서 보도록 합시다.

① 지금까지의 방식

현재 실시하고 있는 서비스를 기입합니다. 이를테면 다음과 같은 것입니다.

수거 서비스가 없기 때문에 고객이 택배물을 직접 가지고 와서 신청해야 한다, 배달 시간은 지정하지 못하므로 자사 시스템에 맞춰 배송한다. 냉장택배가 없기 때문에 신선품은 취급하지 않으며, 골프 가방이나 스키 장비 등의 비효율적인 것도 취급하지 않는다.

혁신워크시트(예시: 택배회사의 서비스 개발)

① 현재 서비스	② 이유	③ 고객의 요구사항	④ 향후 준비해야 할 서비스
택배할 물건을 고객이 직접 가지고 와서 신청	• 효율성 • 채산성	무거운 물건도 있으니 수거하러 와주면 좋겠다.	수거 서비스
자사상황과 형편을 고려해 배송		언제 배송될지 알면 시간 맞춰 기다릴 수 있다.	요일 및 시간 지정 서비스
신선제품은 취급하지 않는다.		혼자 사는 자녀에게 직접 농사지은 채소를 보낼 수 있으면 좋겠다.	냉장택배 서비스
비효율적인 서비스는 하지 않는다.		골프가방이나 스키장비를 가지고 대중교통을 이용하기에 매우 불편하다.	골프·스키 택배 서비스

마케팅   혁신

혁신 전   업계의 벽 / 상식의 벽 파괴   혁신 후

② 기업 측의 논리

현재 제공하고 있는 서비스나 제공하지 않는 서비스의 이유를 기입합니다. 대부분이 효율성·채산성을 기록할 것입니다.

③ 고객 입장에서 있으면 좋겠다고 여기는 것(마케팅)

고객이 요청하는 서비스를 기입합니다. 여기서는 업계 상식을 완전히 무시하고 고객의 요구 사항 그대로를 기록합니다.

이를테면 택배물을 가지러 와주면 좋겠다, 배송 시간을 지정할 수 있으면 좋겠다, 신선품도 보내고 싶다, 골프 가방, 스키 장비 등도 취급해 주면 좋겠다 등이 있습니다.

④ 향후의 방식(혁신)

제공 가능한 최적의 서비스를 기입합니다. 이를테면 수거 서비스, 시간 지정 서비스, 냉장택배, 스키택배, 골프택배 등……

사실 이 부분을 실제 실행하는 것이 말처럼 쉽지는 않습니다. 하지만 여기야말로 리더의 신념이 필요합니다. '고객과의 관계를 강화하고 지속적으로 그 관계를 이어가겠다는 신념.' 이런 신념이 있으면 어떻게 대응해야 할지 분명합니다.

참고로 이 워크시트에서 가장 중요한 것은 ③입니다.

고객은 업계 상식을 벗어나거나 한 번도 생각해 본 적이 없는 엉뚱한 것, 실제 사업에 반영하기 어려운 비현실적인 것을 요청할 수 있습니다. 그렇다고 고객의 말을 무시하거나 무조건 안 된다는 생각 고정관념을 버리고 어떻게 하면 그 요청을 가치 있는 서비스로 제공할 수 있을지를 고민해야 합니다. 이것이 혁신의 열쇠입니다.

피터 드러커는 "혁신은 시장에 있고, 혁신은 시장에 집중하며, 혁신은 시장을 진원지로 삼아야 한다"라고 말합니다.[3]

<blockquote>
사례 **혁신워크시트를 통해 공사 자재 주문 시스템을 변경하다**

공사 자재를 조달하는 B사는 주문을 팩스로만 받습니다. 추후 문제가 발생하지 않도록 주문 내역의 확실성을 담보하기 위함입니다. 그런데 고객은 사무실이 아니라 늘 공사현장에 있으며 현장에서 일하는 중에 자재가 부족해 발주를 하는 경우가 많습니다. 당일 처리해야 하는 작업에 필요한 자재이므로 가능한 빨리 받아야 하는데, B사에 주문을 넣으려면 팩스가 놓여있는 곳까지 가야 하므로 시간적 여유 없는 고객 입장에서는 매우 불편한 주문 방식이었습니다.

이에 B사는 혁신워크시트를 통해 고객의 요청 사항을 확인한 후 보이스메일 시스템을 도입했습니다. 보이스메일이라면 현장에서 직접 주문할 수 있고 주문의 확실성도 담보할 수 있습니다. 이러한 서비스 개선으로 고객의 불편함은 해소되었고 만족도도 높아졌습니다.
</blockquote>

조직 혁신 방법

비즈니스의 모든 혁신에는 리더십이 중요합니다. 특히 조직 혁신은 내부의 저항과 반발로 인해 생각만큼 쉽게 추진하기 어려운 경우가 많으므로 보다 강력한 리더십을 필요로 합니다.

조직 혁신을 추진할 때에는 다음 세 가지 방법이 도움이 될 것입니다.

조직 혁신 추진 방법

① 조직에 건전한 위기의식을 부여한다.

② 혁신의 방향성(비전)을 제시한다.

③ 혁신추진팀을 만든다.

①, ②에 대해서만 설명하겠습니다.

① 조직에 건전한 위기의식을 부여한다

리더는 조직의 모순된 속성을 이해하고 의도적으로 마찰을 조장할 필요가 있습니다. 조직의 모순된 속성이란, 조직은 외부환경에 적응하고 변화에 대응하기 위해 존재하는 데 반해 조직 내에 조성된 가족적인 관계성은 안정을 원하고 변화를 매우 싫어하는 이면성을 갖고 있음을 의미합니다. 외부에 있는 시장은 쉼 없이 변화하고 있는데 내부에서는 어떤 마찰이나 변화도 일어나지 않는다면 조직은 무기력해진 상태인 것입니다.

위기의식은 현재의 상황을 인식하게 하는 자극제입니다. 위기의식을 고취시키기 위해서는 위기의 변수가 되는 정보를 눈에 보이는 형태로 조직 구성원과 공유합니다.

어느 낚시용품 제조사는 '「레저통계백서」에 의하면 낚시 인구는 현재 700만 명 정도 되지만 매년 100만 명씩 감소하고 있다. 이대로 시장을 방치하면 회사는 존속할 수 없게 되고 일자리도 잃게 될 것이다'라는 사실을 명백한 데이터와 함께 모든 구성원에게 공개했습니다. 이 밖에도 고객 불만 사항을 회람하거나 뉴스에 보도된 불편한 상황 등도 공유했습니다.

건전한 위기의식은 구성원들이 변화에 저항하지 않고 기업과 함께 성장을 도모하는 동반자 의식을 강화시켜 줍니다.

② 혁신의 방향성(비전)을 제시한다

위기위식을 고쳐시켜도 어떻게 변화해야 하는지 명확한 방향성을 제시하지 않으면 구성원의 불안만 조장할 뿐입니다. 앞의 낚시용품 제조사는 향후 사업을 낚시용품에만 한정하지 않고 강, 계곡, 바다 등에서 즐기는 모든 레저 활동에 필요한 용품을 제조하는 것으로 방향을 설정했습니다. 이렇게 명확하게 방향을 제시해야 조직은 스스로 어떻게 바뀌어야 할지를 알게 되고 혁신을 향해 뛰어갈 준비를 갖추게 됩니다.

기업에서 조직 혁신이 잘 추진되지 않는 것은 ①과 ② 두 가지가 결여되어 있기 때문입니다. 방향성 제시 없이 위기감만 주면 불안만 가중되고, 위기의식 없이 혁신만 부르짖으면 배척과 항의에 부딪칠 것입니다. 혁신은 행동이고, 행동의 동력은 위기의식과 방향성입니다.

컴포트존에서 벗어나라

혁신이 어려운 또 하나의 이유는 뇌구조 때문입니다. 뇌에는 익숙하고 편안함을 느끼는 컴포트존comfort zone이 있고, 보통은 이 영역에서 벗어나려 하지 않습니다. 만약 500만 엔(한화 약 5000만 원)의 연봉을 받는 사람이 갑자기 한 달에 3000만 엔(한화 약 3억 원)의 월급을 받게 된다면 어떨까요? 처음에는 기쁘겠지만 돈을 어디에 쓸지, 생활 방식을 어떻게 바꾸면 좋을지 점차 마음이 불편해지기 시작합니다. 500만 엔 연봉을 컴포트존으로 여기고 생활하고 있었으므로 수입이 그보다 매우 낮아도 문제지만, 매우 높아도 뇌는 컴포트존으로부터 분리되어 불안정 상태가 됩니다. 복권 당첨으로 하루아침에 엄청난 부자가 된 사람들의 비참한 결말 이야기를 들어보셨을 것입니다. 혁신은 컴포트존에서 크게 벗어난 영역입니다. 그래서 뇌는 불편함을 느끼고 자꾸 이전의 컴포트존으로 돌아가려고 합니다.

혁신에는 이전과는 다른 사고방식·행동이 필요합니다. 리더는 자신을 비롯해 조직 구성원 모두가 컴포트존에 머물도록 두어서는 안 됩니다. 뇌가 불편하게 느끼는 곳에 몸을 두어야 합니다. 바꿔 말하면, 뇌가 불편하기 때문에 진화하고 있다고 할 수 있습니다.

오늘날과 같은 격변의 시장에서 경영은 평균대 위를 걷는 것과 같습니다. 완벽한 균형 같은 것은 없습니다. 균형은 흔들리는 가

혁신은 컴포트존에서 벗어나는 것

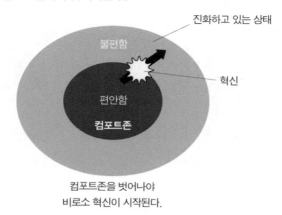

진화하고 있는 상태

불편함

혁신

편안함

컴포트존

컴포트존을 벗어나야
비로소 혁신이 시작된다.

운데 한 발 한 발 나아가면서 잡아가야 합니다. 뇌가 불편해 하는
영역에서는 균형이 흔들립니다. 하지만 혁신은 그곳에 있습니다.
원하는 자는 컴포트존에서 벗어나야지만 얻을 수 있습니다.

혁신 리더

'혁신의 S곡선'이라는 것이 있습니다. 혁신은 현재와의 단절에서 발
생한다는 논리입니다.

예를 들어 마차에서 증기기관차로 이동 수단의 혁신이 일어났
을 때를 봅시다. 증기기관차는 마차를 여러 대 모아서 만든 것이

혁신의 S곡선

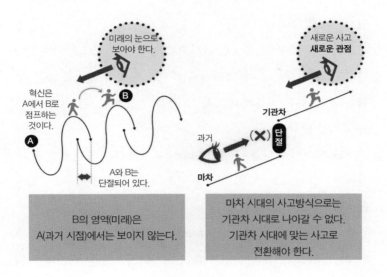

미래의 눈으로
보아야 한다.

새로운 사고
새로운 관점

혁신은
A에서 B로
점프하는
것이다.

A

B

A와 B는
단절되어 있다.

기관차

과거

(X) 단절

마차

B의 영역(미래)은
A(과거 시점)에서는 보이지 않는다.

마차 시대의 사고방식으로는
기관차 시대로 나아갈 수 없다.
기관차 시대에 맞는 사고로
전환해야 한다.

아닙니다. 마차를 아무리 많이 모아도 중기기관차를 만들 수 없습니다. 즉, 마차 시대와 중기기관차 시대는 완전히 단절된 다른 세상입니다.

〈도표 2-5〉와 같이 하나의 S곡선의 끝에 새로운 S, 즉 새로운 세상이 시작됩니다. 혁신은 S곡선의 끝에서 다음 S곡선의 시작점으로 점프하는 것입니다. 혁신을 통한 미래 세상은 다리로 건널 수 없고 점프해서 올라타야 하는 세상입니다. 그 지점에 안정적으로 착지하기 위해서는 이전의 S곡선상에 있던 때와는 다른 사고방식이 필요합니다. 마차 시대의 사고방식으로는 중기기관차

가 달리는 시대 양상을 이해할 수 없습니다. 농업혁명 전과 후, 산업혁명 전과 후의 사회처럼 혁신 후에는 이전과 전혀 다른 세상이 있기 때문입니다.

그러면 혁신 후의 세상을 어떻게 그릴 수 있을까요? 아직 일어나지 않은 미래의 일을 그리기 위해서는 통찰이 필요합니다. 통찰은 내적·외적 환경의 변화와 그 전체 구조를 보고 미래를 그리는 감각을 말합니다.

피터 드러커는 다음과 같이 말합니다. "미래를 아는 방법은 두 가지다. 하나는 스스로가 미래를 만드는 것, 또 하나는 이미 일어난 미래를 아는 것이다."[4]

첫 번째는 자신의 감각에 의지해 미래를 개척하는 것이며, 두 번째는 인구 구조의 변화처럼 장래 확실하게 영향을 미치지만 현재는 그 편린만 드러나 있는 사실을 인식하는 것을 말합니다. 두 가지 모두 다 통찰력이 필요합니다.

미래를 그리려는 혁신 리더에게 필요한 것은 사고의 전환과 통찰력입니다. 그리고 현재에 안주하지 않고 새로운 세상을 향해 점프할 용기입니다.

포인트

- 혁신의 가장 큰 장애 요인은 과거의 성공체험, 업계의 상식, 고정관념이다.

- 조직 내에 진부해진 것들(상품, 서비스, 시스템, 제도, 서류, 고객, 사고 방식)을 정기적으로 폐기한다.

- 피터 드러커가 제시한 일곱 가지 혁신 기회는 시장의 변화를 알려주는 시그널이다. 리더는 이 시그널에 민감해야 한다. 통찰력은 그냥 생기지 않는다. 변화를 알려주는 시그널조차 감지하지 못하는 리더에게 자신의 미래를 걸 구성원은 없다.

- 리더는 스스로 혁신자가 될 수 없다면 조직 구성원을 혁신자로 만들어 야 한다. 그러기 위해서는 우선 방해가 되거나 제어하는 걸림돌을 치워 준다. 무엇보다 리더 자신이 그 걸림돌이 되지 않도록 한다.

- 고객이 원하는 것은 자신에게 무엇을 줄 수 있느냐다. 고객의 요망과 자사의 제공 가치 사이에 어떤 간극이 있는지를 확인하고 그 간극을 고객의 관점에서 메우는 것이 혁신이다.

- 기본적으로 조직은 변화를 싫어한다. 리더는 변화하는 외부 공기를 조직에 불어넣고 조직 내 건전한 혼란을 유발하는 등 조직을 지속적으로 자극해야 한다.

- 혁신은 컴포트존에서 벗어난 영역에서 발생한다. 익숙함과 편안함에서 벗어나야 변화를 얻을 수 있다.

- 혁신의 방향은 기업의 미래를 말해주는 것과 같다. 미래를 알 수 있는 사람은 아무도 없다. 다만 미래를 볼 줄 아는 사람은 있다. 그들은 현재 일어나고 있는 변화의 양상을 눈여겨보고 그 방향을 예측한다. 이것이 통찰력이다. 혁신은 이 통찰력을 가진 리더여야만 가능하다.

원칙 3

성과 집중의
원칙

성과 지향 기업 productive company을 실현하다

기업은 사회의 구성원으로서 의무와 책임을 다할 것을 요구받고 있습니다. 기업이 사회에 기여하는 방법은 생산성을 높이고 성과를 내는 것입니다. 그럴 때 사회는 평화와 질서를 유지하고 인간의 존엄성은 보증됩니다. 기업의 역할은 이렇듯 가치 있고 막중합니다. 그러므로 리더는 엄격하게 성과를 관리해야 합니다.

- **목표**
  높은 성과를 창출하는 기업이 된다.
- **목표를 위해 무엇을 실현해야 하는가?**
  전체 구성원이 성과 목표를 향해 집중해서 일할 수 있는 시스템을 만든다.
- **실행**
  ① 성과를 내는 다섯 가지 원칙을 실천한다.
  ② 성과 목표를 설정하고 중점 사항에 집중한다.
  ③ 매출보다 고객 가치 향상에 집중한다.
- **실행 도구**
  ① 성과집중카드
  ② 고객 가치 향상 회의
  ③ BSC에 의한 성과 목표 설정
  ④ 사업 내용 규정

성과는 외부에 있다

기업은 성과를 내야 합니다. 기업이 성과를 내지 않으면 사회는 불안정해지고 이해관계자들 사이의 갈등·대립 등의 징후로 인해 국민은 극도의 불안감에 휩쓸리게 됩니다. 이런 의미에서 보면 "현대사회에서는 경영리더들이야말로 자유를 수호하고 평화를 지키는 참된 리더다"라고 한 피터 드러커의 말이 틀렸다고는 할 수 없겠습니다.

리더는 조직이 고도의 성과를 내도록 하는 책임이 있습니다. 그러려면 조직을 성과 지향 조직으로 만들어야 합니다. 어떻게 하면 성과 지향 조직이 될 수 있을까요?

먼저 어디에서 성과를 거둘 수 있는지를 봐야합니다. 성과의 진원지는 회사 안이 아니라 밖, 즉 시장·고객입니다. 성과는 외부에 있으며 이 외부환경은 쉼 없이 변화합니다. 변화하는 외부환경에 적응하는 것은 기업의 숙명이기도 합니다. 변화에 적응하지 못하는 기업은 존재 자체를 위협받을 수 있기 때문입니다.

하지만 조직은 안정을 원하고 변화를 싫어합니다. 조직은 본성적으로 내부 지향적이며 그 안에서 항구적 안락함을 추구하려는 경향이 있습니다.

리더는 이런 조직의 성격을 이해하고 자신을 포함한 구성원 모두가 외부를 향하도록 지속적으로 자극해야 합니다. 외부환경(시장·고객)은 하루가 다르게 변화를 거듭하는데 기업이 몇 년이고 바뀌지 않는다고 하면 그 기업은 변화의 격랑에서 스스로를 구해

넬 수 없게 될 것입니다. 구성원의 눈을 외부로 돌리고 외부에 대한 가치를 높이는 것이 리더로서의 역할입니다.

성과를 내는 다섯 가지 원칙

앞서 말한 파나소닉의 창업자 마쓰시타 고노스케는 "기업의 적자는 가장 큰 죄악이다. 기업은 사회로부터 사람·자본을 빌려 쓰고 있으므로 성과를 내어 사회에 다시 돌려주어야 한다"라고 말합니다.

피터 드러커는 성과를 내는 다섯 가지 원칙[1]을 알려주었습니다. 이를 충실히 실행하면 성과는 반드시 창출됩니다. 나의 경험이기도 합니다.

성과를 내는 다섯 가지 원칙
① 성과 목표를 명확하게 설정한다.
② 일정 시간을 확보한다.
③ 집중한다.
④ 강점을 살린다.
⑤ 공헌의식을 갖는다.

① 성과 목표를 명확하게 설정한다
당연한 말이지만, 자신이 거두어야 할 성과가 무엇인지 명확히 알지 못하면 성과를 낼 수 없습니다. 그런데 현실에서는 대부분의 조직 구성원이 이 부분을 명확히 하지 않은 채 일합니다.

구성원에게 자신이 목표하는 성과가 무엇인지, 그것을 위해 가장 중요한 업무가 무엇인지 물어보십시오.. 성과 목표를 명확하게 인식하고 그 목표를 향해 일하는 사람만이 이 질문에 정확하게 대답할 수 있습니다. 성과를 규정하지 않으면 무엇을 해야 하는지도 분명하지 않으며 성과에 집중할 수도 없습니다.

하지 않아도 될 일을 아무리 효율적으로 한다 해도 성과는 나오지 않습니다. 자신의 어떤 업무가 성과로 이어지는지 생각해야 합니다. 성과로 이어지지 않는 일은 그저 바쁘게만 할 뿐입니다.

> **실천 행동**
>
> **① 성과집중카드**
> 모든 구성원이 자신의 성과를 규정하고 성과에 집중하는 환경을 만들기 위한 방법으로 성과집중카드가 있습니다. 이 카드를 보이는 곳에 두고 각 질문에 대한 답을 스스로 하도록 합니다.
> • 지금 무슨 일을 하고 있는가?
> • 그 일은 성과로 이어지는가?
> • 만약 그렇지 않다면 어떻게 개선해야 하는가?
> • 성과로 이어지는 업무에 집중하려면 환경을 어떻게 해야 하는가?

② 일정 시간을 확보한다 & ③ 집중한다

나는 시간이야말로 최대의 자원이며 성과의 열쇠라고 생각합니다. 피터 드러커도 "성과를 올리는 사람은 일에서 출발하지 않고 시간에서 출발한다"라고 말합니다.[2]

성과를 내기 위해서는 일정 시간을 확보해서 누구의 방해도 받지 않고 집중할 수 있는 시간이 필요합니다. 하지만 우리의 현실은 수많은 회의와 보고, 잡무 등으로 인해 시간을 여러 개로 토막 내어 사용하고 있는 실정입니다. 시간을 너무 잘게 토막 내면 집중력도 떨어지고 성과도 오르지 않습니다. 90분 집중하면 90분의 성과가 나오지만, 10분씩 9회로 나누면 그 성과는 절반도 되지 않습니다. 그래서 조직은 늘 시간적 궁핍을 느낄 수밖에 없습니다. 최근에는 의도적으로 집중하는 시간을 확보하기 위해 오전의 일정 시간 동안은 메일, 전화, 잡담, 보고 등을 금지하고 업무 집중 시간으로 규정하고 있는 기업도 많습니다.

자신의 업무 특성을 이해하고 어떻게 시간을 배분하고 일을 할당해서 집중할 것인지 고민하십시오. 시간은 성과의 자원입니다.

**실천
행동**

② 질문

성과를 책임져야 하는 리더는 조직 구성원과 함께 두 가지 질문으로 업무를 시작하고 끝냅니다.

'오늘 해야 할 가장 중요한 업무는 무엇인가?', '오늘 하루 어떤 성과를 냈는가?'

매일같이 이런 질문을 하면 구성원은 자신의 일에서 가장 중요한 것이 무엇인지를 강하게 의식하게 됩니다. 그리고 많은 시간을 그 일에 투입하게 되고, 집중하게 되고, 그러다 보면 자연스럽게 서로의 집중을 방해하지 않게 됩니다.

매우 단순한 이 질문이 모든 구성원으로 하여금 성과 중심으로 일하게 하고, 기업은 성과 지향 기업으로 진화하게 됩니다.

리더의 질문은 구성원의 행동 방향을 가리키는 척도가 됩니다. 조직에 대해 원하는 방향이 있다면 그 방향을 가리키는 바른 질문을 하십시오.

실천 행동

③ 집중 시간

하루 최소 2시간 정도 집중하는 시간을 설정해, 그 시간은 가급적 사적인 대화나 전화, 메일 등은 하지 않고 생산성을 올리는 데 집중합니다.

집중하기 힘든 근무 환경일수록 의도적으로 집중 시간을 설정하지 않으면 성과의 자원을 유용하게 쓰지 못하게 됩니다.

④ 강점을 살린다

약점을 살려 성과를 내는 사람은 없습니다. 피터 드러커는 "성과는 강점을 살릴 때 창출된다. 약점을 개선하는 데 시간을 들이기보다 자신의 강점에 집중해야 한다"라고 말합니다.[3]

아무리 뛰어난 스포츠 선수라 해도 약점이 있습니다. 물론 약점을 극복하는 것이 가장 이상적이지만, 피터 드러커가 말하듯 약점 개선에 시간을 쓰기보다 잘하는 것에 집중하는 것이 그 선수를 훨씬 탁월하게 만듭니다. 성과를 내는 사람은 자신의 강점을 인식하고 자신만의 방법으로 일을 합니다.

그러나 많은 사람이 자신의 강점에 대해 잘 인식하지 못하고 있습니다. 왜냐하면 그것이 본인에게는 특별할 것이 없는 자연스러운 것이므로 스스로 인지하지 못하기 때문입니다. 그러면 다음 방법을 통해 강점을 찾아보기 바랍니다.

④ 강점 찾기

언젠가 세미나에서 어느 경영인이 들려준 이야기입니다. 그 기업에서는 구
성원들이 서로의 장점을 말하는 회의를 정기적으로 실시합니다. 이 회의를
통해 자신의 강점을 객관적으로 파악하게 되고, 그뿐만 아니라 상호 커뮤
니케이션이 개선되어 조직의 결속력이 강화되었다는 것입니다.

다른 방법으로는 최근 잘 진행된 일과 잘 진행되지 않았던 일의 원인을 분
석해 봅니다. 잘 진행된 일에 자신의 강점이 숨어 있습니다.

조직의 리더는 구성원들과의 면담을 통해 각자의 강점을 찾아냅니다. 물론
성과 결과로 구성원의 강점과 약점을 알 수 있다고 말하는 사람도 있겠지
만, 결과에 이르기까지의 과정, 방법, 사고방식 등은 직접 대화하지 않으면
알 수 없습니다.

⑤ 공헌의식을 가진다

마지막으로 필요한 것은 공헌의식입니다. 자신이 무엇 때문에
이 회사에 있는지, 조직이 나에게 무엇을 원하는지를 생각해야 성
과를 향한 강한 열망이 발현됩니다.

마케팅은 어떻게 하면 매출을 늘릴 수 있을까 하는 기업 관점
에서 어떻게 하면 고객의 마음을 얻을 수 있을까 하는 고객 관점
으로 초점이 이동되었습니다. 고객의 마음을 얻으려면 고객 과제
를 해결하고 고객이 원하는 가치를 제공하겠다는 공헌의식이 전
제되어야 합니다.

조직도 마찬가지입니다. 조직은 구성원을 한 인간으로서 존중
해야 하며, 구성원은 조직의 이익을 위해 조직이 요구하는 성과를
창출해야 합니다. 모두가 회사의 이익에 공헌하겠다는 의식, 나

아가 사회에 대한 공헌의식을 갖고 있으면 조직은 성과에 집중하는 성과 지향 조직이 됩니다.

성과를 내는 사람과 그렇지 못한 사람의 차이

어느 회사의 영업부서에 사원 A와 B가 있습니다. 둘의 근무 환경은 동일한데, A가 B보다 2배 이상의 성과를 올리는 우수 영업사원입니다. 왜 이런 차이가 발생하는지 조금 전의 다섯 가지 원칙에 따라 살펴봅시다.

〈도표 3-1〉은 A와 B의 하루를 비교해 놓은 것입니다.

8시 30분에 출근, 9시부터 일을 시작하는 것은 A와 B가 동일합니다. 그런데 A사원은 자신의 성과를 명확하게 규정하고 거기에 집중합니다.

영업사원에게 성과란 무엇일까요? 매출을 올리는 것입니다. 자신의 성과는 매출확대이며 그를 위한 업무는 고객을 만나 상담商談하는 것임을 A는 분명하게 인식하고 거기에 집중하고 있습니다. 그래서 A의 하루는 성과로 시작됩니다. 오전에 2건, 오후에 3건 예상 고객을 만나고 오후 6시에 귀사한 후 서류를 정리하고 8시에 퇴근합니다.

반면 B는 자신의 성과가 무엇인지 명확하게 규정하지 않고 있습니다. 그 때문에 B의 하루는 성과로 이어지지 않는 행동이 대

도표 3-1

성과를 내는 사람과 그렇지 못한 사람의 차이

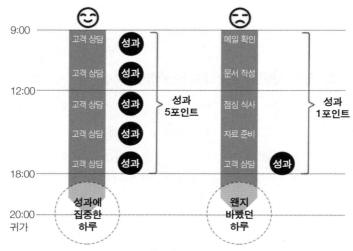

부분입니다.

A와 B에게 동일한 하루가 주어졌지만 성과 측면에서는 다섯 배의 차이가 발생했습니다. 단순하게 계산하면 B가 A와 동일한 성과를 내기 위해서는 5일을 더 일하지 않으면 안 된다는 말입니다.

물론 B가 놀고 있다는 의미는 아닙니다. 그러나 자신의 성과를 알지 못하면 조직이 원하는 성과를 낼 수 없고 조직에 공헌할 수 없습니다. 성과를 내는 것과 바쁘게 일하는 것은 다른 이야기입니다.

리더는 모든 구성원이 어떤 성과를 내야 하는지, 그러려면 무슨 일을 최우선으로 해야 하는지를 제대로 인식할 수 있도록 해야 합니다. 피터 드러커의 다섯 가지 원칙과 네 가지 실천 행동을 활용해 성과 지향 조직을 실현하기 바랍니다.

속도가 중요

수많은 강연·세미나를 하다보면 성과를 내는 사람과 그렇지 못하는 사람에는 명확한 차이가 있음을 알 수 있습니다. 성과를 내는 사람은 비즈니스에서 압도적인 속도를 실현합니다. 속도는 성과에서 매우 중요하게 작용합니다.

일례로 나는 세미나에서 참고도서를 소개하는 경우가 있습니다. 성과를 내는 사람은 온라인 서점을 통해 그 자리에서 즉시 책을 구입합니다. 반면 성과를 내지 못하는 사람은 수 주일 뒤에 만나도 책 구입을 망설이고 있습니다. 성과를 내는 사람은 실행 속도가 다릅니다.

물론 책을 빨리 주문했다 하더라도 읽지 않는다면 속도의 의미가 없다고 말하는 사람도 있겠지만, 실행이라는 관점에서 보면 우물쭈물 망설이는 사람보다 성과를 낼 가능성이 훨씬 높다고 볼 수 있습니다.

비즈니스에서 속도는 역량입니다. 성과를 내는 사람은 세미나에서 배운 것을 토대로 자신이 무엇을 할지 결단하고 그것을 행동에 옮깁니다. 즉시 실행해 보고 성과에 어떤 영향을 미치는지 타진해 봅니다. 이에 반해 성과를 내지 못하는 사람은 오랫동안 고민만 하기 때문에 그것의 영향력을 타진해 볼 기회조차 놓치고 맙니다.

속도를 현재의 두 배로 올려보십시오. 조직이 속도를 의식하면서 일하도록 경영의 중점 목표를 속도로 설정하십시오. 그것만으로도 결과까지의 시간이 단축되고 성과는 보다 향상됩니다.

리더의 의사결정에도 속도가 중요합니다. 어느 정도 심사숙고했다면 의사결정은 빨리 하는 것이 좋습니다. 설령 그것이 잘못된 결정이라고 해도 곧바로 수정하면 됩니다. 가장 나쁜 경우는 의사결정하지 않은 채 그대로 묵혀두는 것입니다. 그러면 조직은 움직이지 않게 되고 열정도 소멸됩니다. 판단에 시간이 걸리고 사안을 묵혀두더라도 2주를 넘기지 말아야 합니다.

성과를 내고 싶으면 '속도'를 기억하십시오. 속도를 올리는 만큼 관성의 법칙이 작용해 비즈니스에 역량이 붙고 실행에서 큰 힘을 얻을 수 있습니다.

시간 분류

시간은 비즈니스에서 가장 큰 에너지이며 모두에게 공평하게 주어진 자원입니다.

다음 네 가지 시간 분류는 성과 창출을 위한 효율적인 시간 사용법입니다.

네 가지 시간 분류
① 현업의 성과를 위한 시간
② 문제를 해결하는 시간
③ 새로운 사업 기회를 모색하는 시간
④ 교류하는 시간

① 현업의 성과를 위한 시간

현재 하고 있는 업무나 사업을 통해 성과를 창출하는 시간으로 불가결한 시간입니다.

② 문제를 해결하는 시간

나는 이 시간은 가능한 한 최소화해야 한다고 생각합니다.

예를 들어 일하는 중에 복사기가 고장 났다고 가정해 봅시다. 우선은 종이가 껴 있지 않은지 확인하거나 토너를 바꿔보거나 전원을 다시 켜보거나 여러 방법을 써 볼 것입니다. 그래도 해결이 되지 않으면 결국 서비스센터에 전화해서 수리를 의뢰합니다. 운이 좋으면 수일을 기다리지 않고 몇 시간 뒤에 바로 복사기를 사용할 수도 있습니다. 그렇다고 해도 이전에 비해 복사기 성능이 더 좋아진 것은 아닙니다.

문제 해결을 위해 많은 시간과 노력을 들여도 얻는 것은 이전과 동일한 풍경입니다. 즉 원상 복귀 이상의 것은 얻을 수 없습니다. 그러므로 문제의 해결이 성과로 이어지는지 먼저 살펴보십시오. 성과로 이어지지 않는 문제라면 가장 빠른 해결 방법을 찾아 시간 소모를 최소화해야 합니다.

③ 새로운 사업 기회를 모색하는 시간

사업의 미래를 위해 사용하는 시간입니다. 사업 계획을 세우거나 전략을 짜거나 신제품 아이디어를 모색하는 등 장래의 씨를 뿌리는 시간이라고 할 수 있습니다.

이 시간은 미래를 창조하는 매우 중요한 시간으로 경영리더에게는 이 시간이 반드시 필요합니다. ①은 불가결한 시간이므로 의식하지 않아도 시간을 할당하지만, 이 시간은 의식적으로 확보하지 않으면 미래에 대한 지배력이 약화됩니다. 경영리더는 혼자 생각하는 시간을 갖거나 의견을 나눌 수 있는 사람들과 정기적으로 만나는 시간을 가지면서 사업의 현재와 미래의 균형을 생각해야 합니다. 사업의 미래에 시간을 할당하고 기회를 모색하는 기업만이 내일의 문을 열 수 있습니다.

④ 교류하는 시간

조직은 구성원들 간의 상호작용이 없으면 소통과 교감 능력이 떨어지게 됩니다. 성과 지향 조직일수록 구성원들이 서로 관계를 맺을 수 있는 교류의 시간이 더 많이 필요합니다. 그리고 이 시간은 구성원의 인성 역량을 키우는 사회적 학습 시간이기도 합니다.

시간 기록

시간 생산성을 높이기 위해서는 시간을 어떻게 배분해서 사용하고 있는지 시간을 기록하고 분석해 보는 것이 도움이 될 것입니다. 사람은 자기 편의대로 기억하기 때문에 정확한 시간 분석을 위해서는 애매모호한 기억에 의지하지 말고 기록을 해야 합니다.

실제 시간을 기록해 보면 이전에 의식하지 못했던 것들이 눈에 들어옵니다.

성과를 올리고 싶은 영업사원은 고객 방문 시간을 잘 살펴보십시오. 고객 이외의 활동(서류 작성, 회의 등)에 시간을 많이 할애하고 있다는 사실을 새삼 깨닫게 될 것입니다. 이동 시간도 만만치 않게 많습니다. 특히 지방 담당 영업사원은 고객을 만나는 시간보다 이동에 더 많은 시간을 쓰게 됩니다. 효율적인 노선이 되도록 수시로 점검해야 합니다.

모든 이들에게 공평하게 주어진 시간을 어떻게 효율적으로 사용할지 생각해야 합니다. 그래서 시간 기록이 필요하며, 기록을

도표 3-2

시간 기록 시트(예시: 영업사원)

항목		고객 방문	사내 회의	자료 준비
구체적인 업무 내용		상품 제안	영업 정보 공유, 신상품 학습, 사안 협의 등	고객에게 전달할 자료 작성
월간 시간 비율	**총 176시간**※	40시간	70시간	30시간
	비율	23%	40%	17%
성과 분석	**성과로 이어 지는가? 시간 배분은 적절한가?**	내부 업무에 시간 을 빼앗겨 생각만 큼 고객에게 시간 할당을 하지 못함	성과로 이어지지 않는 회의에 시간 이 과다 소요됨	고객별로 자료 준 비에 시간이 소요 됨
개선 사항	**성과를 위해 보다 고민해 야 하는 것은 무엇인가?**	• 고객을 분류하 고 집중해야 하 는 고객에게 더 시간을 할당 • 목표는 50시간	• 회의 시간을 정 해두고 그 시간 안에 회의를 끝 냄. 메일로 가능 한 일은 회의 없 이 진행 • 목표는 50시간	• 자료는 간단한 것으로 통일하 고 고객별로 추 가자료 작성 • 목표는 20시간

주: ※은 1일 8시간 근무 기준 8시간×22일=176시간

해야 무엇을 개선할지 알 수 있습니다. 시간에 끌려 다니지 말고, 시간을 통제하십시오.

사업 규정

사업 규정이란 한마디로 '무엇을 하는 회사인지'를 정하는 것입니다. 자사의 사업을 명확하게 규정하면 나아갈 방향이 명확해지고, 그러면 보다 효과적인 전략을 세울 수 있습니다.

예를 들어 안경을 제조·판매하는 기업이라면 취급하는 안경을 패션 아이템으로 규정할 것인지 의료기구로 규정할 것인지에 따라 사업 전략이 완전히 달라집니다.

• **패션 아이템으로 규정할 경우**   안경을 패션으로 본다면 트렌드에 민감해야 합니다. 계절별, 시즌별로 상품 구색을 바꾸고, 매장도 패션에 민감한 사람들이 많이 다니는 곳에 있어야 하며, 광고도 패션이나 트렌드성 매체에 집중합니다. 또한 다양한 상황에 맞춰 스타일을 바꿀 수 있도록 두세 개 이상의 안경을 갖도록 제안합니다.

• **의료기구로 규정할 경우**   안경을 의료기구로 본다면 의과대학 교수 등의 권위 있는 사람과 협업하거나 근시가 막 시작된 아이들의 눈 건강 예방법, 올바른 안경 사용법 등에 관한 강의 등을 제안해서 고객 가치를 높이도록 합니다. 매장도 반드시 번화가에 있을 필요가 없으며 안과병원 근처가 효과적일 수 있습니다.

사업을 규정할 때 중요한 것은 '기회의 극대화'입니다.

어느 철도회사는 설립 당시 '철도를 통해 수송을 하는 회사'라고 사업을 규정해 수송에 한정된 좁은 분야의 서비스만을 제공했습니다. 이후 '철도 수송을 통해 도시 인프라를 창조하는 회사'로 사업을 재규정해 수송뿐만 아니라 역이나 주변 부동산을 활용한 서비스로 사업 영역을 확대해 수익을 향상시켰습니다.

철도회사의 '수송'은 기업 관점에서 본 좁은 규정입니다. 기회의 극대화를 위해서는 고객에게 제공할 수 있는 가치가 무엇인지, 즉 고객 관점에서 사업을 규정해야 합니다.

레스토랑을 음식을 먹는 곳이 아니라 '음식을 통해 사람들과 교류하고, 편안한 휴식을 즐길 수 있는 공간'으로 규정하면 보다 확장된 범위에서 서비스를 제공할 수 있습니다.

고객 관점에서 사업을 규정하는 단계는 다음과 같습니다(철도회사의 예를 적용).

① 자사의 사업은 무엇인가?(현재의 사업 규정)
→ 철도수송회사
② 고객 관점에서 보았을 때 향후 요구되는 것은 무엇인가?
→ 철도·역 주변이 보다 쾌적하고 편리하면 좋겠다.
③ 고객 관점에서 사업을 재규정한다면 무엇이라고 해야 하나?(미래의 사업 규정)
→ 철도를 통해 생활을 풍요롭게 하는 도시 인프라 개발회사

④ 고객 관점에서 사업을 재규정했을 때 창출되는 새로운 사업 기회는 무엇인가?

　→ 역 내부 및 주변 시설의 개발

⑤ 그로 인해 발생하는 수익은?

　→ 역 내부 시설 관리·보수료, 역사 광고료, 주변 시설의 임대료 등

고객 관점에서 사업을 규정하면 기업은 보다 넓은 영역에서 활동할 기회를 발견할 수 있습니다. 하지만 '뭐든지 다 한다'는 실체 없는 절충은 매력이 없습니다. 사업을 규정하고 규정한 내용에 따라 화력을 집중해야 성과를 기대할 수 있습니다.

한편 사업 규정은 가변적입니다. 시장·고객의 변화에 따라 바꿀 수 있고, 또 바뀌어야 합니다. 정기적으로 사업 내용을 점검하고 사업 규정을 다시 검토합니다.

사업 영역을 결정하는 네 가지 시점

다음 네 가지 시점은 사업 영역을 넓히거나 신규 사업을 구상할 때 중점적으로 고찰해야 하는 포인트입니다.

① 열정이 있는가?

② 경쟁에 이길 수 있는 강점이 있는가?

③ 사업이 지속될 수 있을 만큼 이익이 있는가?

④ 사회적 가치가 있는가?

① 열정이 있는가?

사업은 순조롭기만 하지 않습니다. 곤란에 직면했을 때 포기하지 않고 지속하는 힘은 이 사업을 반드시 성공시키겠다는 열정에서 나옵니다.

② 경쟁에 이길 수 있는 강점이 있는가?

비즈니스는 경쟁입니다. 경쟁에 이길 차별화된 강점이 없으면 살아남을 수 없습니다. 업계 1위가 될 만한 강점이 필요합니다.

③ 사업이 지속될 수 있을 만큼 이익이 있는가?(시장성)

최소한 투자에 상응하는 이익을 얻을 만큼의 시장 규모가 되어야 합니다. 나는 경영 컨설턴트이자 프로 재즈피아니스트입니다. 만약 내가 재즈 컨설턴트라고 하는 새로운 분야로 컨설팅 시장에 진입한다면 어떨까요? 열정과 강점은 있지만 시장성은 없어 보입니다.

④ 사회적 가치가 있는가?

사회 공헌은 기업의 의무이자 책임입니다. 기업이 경제가치만 추구하면 사회는 발전하지 못합니다. '세상을 보다 좋게 하는 가치 있는 사업인가?' 자본·경제가 선행되고 사람의 마음의 문제 인간의 존엄이 경시되는 현대사회에서 이 질문은 매우 중요합니다.

중점 사항에 집중하기

경영 전략에 관한 서적이 넘쳐납니다. 많은 리더들이 이런 책을 읽고 적힌 대로 실행해 보거나 응용해 보아도 생각처럼 성과가 오르지 않아 늘 고민입니다.

전략에서 중요한 것은 '단순성'입니다. 성공하는 전략은 단순합니다. 단순하기에 집중할 수 있고 성과를 낼 수 있습니다. 복잡한 전략은 성공하지 못합니다.

경영 전략은 가능한 단순하게 세울 것을 권합니다. 그리고 전략을 실행할 때는 열후순위劣後順位를 고려합니다. 열후란 '맨 마지막에 할 것, 또는 하지 않아도 되는 것'을 뜻합니다. 현재의 고객·상품·연구개발·생산 등 사업의 모든 영역에서 열후순위를 정합니다. 진부해진 것, 기대만큼 성과를 내지 못한 것은 과감히 버립니다. 열후순위를 정하면 실행해야 하는 중점 사항이 보입니다. 거기가 집중해야 하는 곳, 성과가 나오는 곳입니다.

성과 목표 설정

피터 드러커는 "사업에서 목표는 기본전략이다"라고 말하며[4] 경영 활동에서 목표 설정의 중요성을 강조합니다.

목표를 세우면 기업의 활동 방향이 명확해지고 월간·주간 등의 행동계획을 효과적으로 추진할 수 있습니다. 또한 조직을 집중시키고 집중하기 때문에 성과를 낼 수 있습니다.

목표 설정은 매출뿐만 아니라 고객 가치, 상품 개발, 조직 관리, 인재 육성 등 다양한 부문에서 이루어집니다. 피터 드러커는 "사업의 존속과 번영이 걸려있는 모든 영역에 목표가 필요하다"고 말합니다.[5] 경영리더는 이들 부문에 대한 목표를 설정하고 PDCA plan, do, check, act(계획, 실행, 평가, 개선)를 가동시킵니다.

매우 간단하게 목표를 설정할 수 있는 방법으로 BSC balanced score card, 즉 성과 평가 시스템이 있습니다. 재무, 고객, 조직 및 업무 프로세스, 인재 육성 등 네 가지 영역에서 기업 성과를 관리하는 시스템으로, 하버드대학교 비즈니스스쿨과 르네상스솔루션이라는 컨설팅 회사가 공동으로 개발한 것입니다. 목표를 설정할 때 이 BSC에 따라 성과 영역을 분류하고 각 영역별로 세부적 지표를 세우고 평가해 갑니다.

BSC에 의한 목표 설정

① 재무: 매출 확대, 이익률 향상, 자금 회전, 원가 절감, 재무 안정

도표 3-3

BSC에 의한 목표 설정 및 평가

	목표 및 전략	성과는 창출되고 있는가?	지속해야 하는가? 개선해야 하는가? 중지해야 하는가?
재무			
고객			
조직·업무프로세스			
인재육성			

성 등

② 고객: 고객 만족도 향상, 신규 고객 영입, 기존 고객의 충성도
   강화, 정보 발신 등

③ 조직·업무 프로세스: 조직력 강화, 조직 개편, 업무 프로세스
   개선, 타사와의 협업, 시스템 도입 등

④ 인재 육성: 접객력 강화, 표창제도, 연수·교육, 목표 관리, 설비
   투자, 임원 육성 등

한편 목표는 세웠는데 성과가 나오지 않는다면 주된 원인은 해야 할 것이 너무 많아서입니다. 성과를 창출하기 위해서는 중점 목표에 집중할 필요가 있습니다. 부문별로 중점 사항을 정하고, 하지 않아도 될 것이나 괄목할 만한 성과 창출을 기대하기 어려운 것 등은 버립니다.

앞에서도 여러 번 말했지만 경영에서는 무언가를 획득하려면 먼저 버려야 합니다. 성과가 나오지 않는 기업은 달성해야 할 수 많은 목표에 파묻혀 집중 전략의 효력을 상실하고, 그 결과 성과가 나오지 않는 악순환에 빠져 있다고 할 수 있습니다.

도달 가능한 목표 설정

목표는 도달 가능한 것이어야 합니다. 목표를 설정할 때 지금까지

'스트레치 목표stretch goal'라는 개념을 적용해 왔습니다. 스트레치 목표란 현재 달성할 수 있는 수준 이상의 높은 목표를 의미합니다. 매우 높은 목표를 설정함으로써 구성원의 능력을 극대화해 높은 성과를 내도록 하는 것이 목적입니다. 그러나 최근에는 지나치게 높은 목표는 오히려 구성원의 스트레스를 유발해 조직 관리를 해치는 요인이 될 수 있다는 우려의 소리도 있습니다.

반면 쉽게 달성할 수 있는 목표에는 성장이 없습니다. 즉시 달성하는 것은 어렵지만 노력하면 가능한 정도로, 그래서 성취감을 맛볼 수 있도록 조금씩 목표치를 높여가는 것이 좋습니다.

또한 목표 설정에는 반드시 기간을 명시합니다. 기간이 정해져 있지 않은 목표는 그림의 떡과도 같습니다. 기간을 정해두어야 목표에 이르기까지의 속도를 올릴 수 있습니다. 기간 없이 하는 것과 정해진 날까지 해야 하는 것과는 마음가짐도 다릅니다.

"마감이라는 것이 없으면 작품은 탄생하지 않았을 것이다." 일본 애니메이션계의 거장 데즈카 오사무手塚治虫의 말입니다. 기간을 설정해 두면 목표를 달성하는 속도가 급격히 빨라집니다.

기간 설정에도 요령이 있습니다. A 보험회사에서 보험왕으로 유명한 한 보험설계사는 자신의 성과 달성 기간을 연말까지로 하지 않고 그보다 3개월 전, 혹은 반년 전을 마감일로 설정해 둡니다. 이렇게 하면 남들보다 더 속도를 내어 영업활동을 선행할 수 있고, 또 연말까지 여유를 가지고 성과 관리를 할 수 있게 됩니다.

목표 설정에는 조직 구성원의 구체적인 업무 계획도 있어야 합니다. 이 계획이 없으면 목표를 설정하지 않은 것과 별반 다를 게 없습니다. 업무 계획은 '누가, 무엇을, 언제까지, 어느 정도까지 실행하는가, 누가 그것을 체크하는가' 등의 사안을 정해두는 것입니다.

실행 방식의 유효성 확인

목표를 세우고 실행하는 가운데 그 실행 방식이 성과로 이어지는지 정기적으로 확인하는 습관을 가집니다. 현재의 방식에 효과가 있는지, 개선할 필요가 있는지를 검토합니다.

연간 20억 엔(한화 약 200억 원)의 매출을 목표로 하는데 3개월이 지나도 1000만 엔(한화 약 1억 원)도 달성하지 못했다면 현재의 실행 방식은 성과를 내고 있다고 할 수 없습니다. 수정하지 않고서는 목표를 달성할 수 없습니다.

목표를 변경하는 것은 사실상 쉽지 않으나 실행 방식의 수정은 훨씬 유연성 있게 할 수 있습니다. 개선안을 검토하지 않고 성과가 나오지 않는 방식을 지속하는 것보다 실행 방식을 이리저리 바꿔보는 쪽이 조직의 에너지를 생산적으로 쓰는 것입니다.

성과가 나오지 않는 실행을 계속하면 사기만 떨어질 뿐입니다. 정기적으로 확인해 조직의 에너지가 약화되지 않도록 합니다. 효과성이 확인되면 보다 높은 실행 단계로 진입하고 에너지 투입을 최적화할 수 있습니다.

매출을 쫓지 말고
고객 가치 향상에 집중한다

나는 종종 기업의 경영 계획 발표회에 초청을 받습니다. 발표회에서 대부분의 기업은 가장 먼저 매출·이익 계획에 대해 발표합니다. 매출·이익은 경영 성과를 측정하는 중요한 지표입니다. 그러나 우리가 간과하지 말아야 할 것은 그것은 결과일 뿐 성장과 발전의 진원지는 아니라는 사실입니다. 매출·이익이 발생하는 진원지는 고객 가치입니다. 그것은 고객 공헌의 결과로서 존재합니다.

경영자는 매출·이익의 계획을 말하기 전에 먼저 '고객에게 제공하는 가치의 향상'에 대해 이야기해야 합니다. 이 순서가 바뀌면 안 됩니다. 자사의 고객 가치 향상 계획에 대해 충분히 고찰하고, 조직이 매출이 아니라 고객 가치를 높이는 데 집중하도록 해야 합니다.

그를 위한 방법으로 '가치 향상 회의'를 실시합니다. 이 회의는 매우 단순합니다. 한 달에 한번 모여 고객 가치가 지난달보다 얼마만큼 향상되었는지를 봅니다.

"고객 가치는 지난달과 비교해서 얼마만큼 향상되었습니까?"

이 질문은 구성원으로 하여금 고객 가치에 대해 인식하게 합니다. 그러므로 회의에서뿐만 아니라 수시로 질문해도 좋습니다.

"어제와 비교해서 오늘 고객 가치는 어느 정도 향상되었습니까?"

매출·이익은 고객에게 제공하는 가치의 결과물입니다. 고객 가치가 향상되었는데 매출·이익이 떨어지는 경우는 없습니다. 성과가 나쁜 것은 조직이 고객을 잊고 있기 때문입니다.

전사적으로 고객 가치 향상에 집중하십시오. 고객 관점에서 자사의 가치를 끊임없이 향상시키면 성과는 그 결과로서 자연적으로 붙게 마련입니다.

실행만이 성과를 창출한다

나는 동일한 수강자를 대상으로 대학의 학사과정만큼 꽤 오랜 기간 강의를 하기도 합니다. 강의가 끝나면 종종 비즈니스 현장에 복귀해 열심히 일하고 있는 수강자를 만나봅니다. 그들 중에는 높은 성과를 내는 사람과 그렇지 않은 사람이 있습니다. 동일한 강의를 들었는데 이 차이는 어디서 나오는 것일까요?

비즈니스에서는 '알고 있다'만으로는 소용이 없습니다. 지금 온라인상에는 무수히 많은 양질의 비즈니스 강의 영상이 있고 오프라인에는 관련 서적과 교육 프로그램이 넘쳐납니다. 그 강의를 다 듣고 책을 100권을 읽었다고 해도 그것으로 끝나면 거둘 수 있는 성과는 없습니다.

정보는 투입input에 불과합니다. 산출output을 얻으려면 실행이 있어야 합니다. 성과를 내는 사람은 바로 이 실행에 집중합니다.

실행만이 성과를 낳습니다. 지식과 정보는 매우 중요한 요소지

뛰어난 경영인은 실행에 집중한다

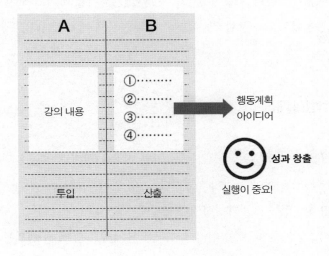

만 그것이 현장에서 구현되지 않으면 지적 풍경화에 지나지 않습니다.

얼마 전 경영자 대상 전략 코칭 강연회를 열었는데, 거기에 뛰어난 경영 성과와 리더십으로 유명한 한 경영인이 참석했습니다. 그는 강연 내내 무언가를 기록했는데, 나중에 보니 강연 내용이 아니라 그 내용을 어떻게 실행으로 옮길지에 관한 자신의 아이디어를 기록했던 것입니다. 그는 지식이 아닌 실행에 더 집중하고 있었던 것입니다.

정보나 지식은 그 자체로 가치가 있지만, 성과는 그것을 비즈니스에 적용해야 산출됩니다.

투입이 아니라 산출에 중심을 둘 것, 많은 것을 하려고 하지 말고 중점항목에 집중할 것. 이것이 성과 창출의 핵심입니다.

시스템의 개선

시장은 살아 움직이는 곳입니다. 그런 시장을 상대로 성과를 얻으려는 기업도 살아 움직여야 합니다. 기업 안에 존재하는 것 가운데 생명력이 없는 것은 개선하거나 폐기해야 합니다.

시스템은 눈에 보이지 않게 조직을 통제하고 있고, 구성원들은 여기에 상당 기간 적응해 있어서 진부해진 것을 쉽게 알아채지 못합니다. 유효한 시스템은 그 자체가 지도적 경향을 띠고 있어서 조직을 성과 지향 쪽으로 이끌어갑니다. 그러나 잔명을 유지할 뿐인 시스템은 파괴적인 경향이 있습니다. 나는 얼마 전 건강검진에서 성인병 위험군에 속한다는 진단을 받았습니다. 원인은 매일 술을 마시는 시스템 안에서 생활하기 때문입니다. 나의 시스템이 나를 파괴하고 있었던 것입니다. 개선 시스템을 만들지 않는 한 나는 악순환을 반복하게 될 것입니다.

성과를 내는 조직은 성과를 내는 시스템으로 일을 하고, 성과를 내지 못하는 조직은 성과가 나지 않는 시스템으로 일을 합니다. 성과를 원한다면 시스템을 바꿔야 합니다.

시스템의 개선은 두 가지 기준을 두고 진행합니다.

하나는 '고객에게 제공하는 가치의 향상', 또 하나는 '수익의 향상'입니다.

온라인 구매·결제 시스템은 이 두 가지 기준을 충족시키는 편리하며 효율적인 개선 시스템입니다. 시스템을 개선할 때 가장 큰 장벽은 기존 시스템에 대한 믿음입니다. 온라인 방식으로 개선할 수 있음에도 불구하고 여전히 오프라인 시스템에 대한 강한 믿음을 갖고 있다면 그것은 현재를 이해하지 못하는 것이고 미래를 옳게 예측할 수도 없습니다.

장수의 축복을 누리는 시스템의 정체는 둘 중 하나입니다. 어떤 시장의 변화에도 대응 가능한 탁월한 시스템이든가 시장변화와 상관없는 태곳적 습관이든가.

지금의 시스템이 살아 숨 쉬고 있는지 확인하십시오.

사업 다각화로 안정성 도모하기

중소기업은 단일 사업에만 집중하는 경우가 많습니다. 하나에 집중하면 큰 성과를 거둘 수 있지만, 사업 부진에 빠지게 되면 기업의 존속 자체가 위협받습니다. 이 같은 상황을 방지하기 위해서는 다각화를 통해 사업 포트폴리오를 구성할 필요가 있습니다. 다만 기존 사업과 전혀 관련이 없는 분야는 노하우도 기술도 없기 때문에 시장에서 살아남기 어렵습니다.

다각화는 다음 두 가지 조건을 기준으로 검토하는 것이 좋습니다.

① 새로운 시장: 자사의 강점(노하우)을 살릴 수 있는 새로운 시장이 있는가?

현재 자사가 보유하고 있는 강점을 살려 새로운 고객층에게 제공할 수 있는지를 검토합니다.

예를 들어 나는 피터 드러커의 리더십을 경영인·임원을 대상으로 강연하는데, 그 내용을 자녀의 교육용 교재로 만들어 육아에 신경 쓰는 부모들을 대상으로 판매할 수 있을 것입니다. 현대 경영학의 아버지라 불리는 사람에게서 배우는 자녀의 리더십 교육이라고 할 수 있지 않을까요?

② 새로운 강점: 현재 고객에게 제공 가능한 새로운 강점을 만들 수 있는가?

현재의 고객에게 제공할 다른 가치나 편익을 검토합니다. 예를 들어 나의 리더십 강연회에 참석한 경영인을 대상으로 한층 심화된 리더십 강화 프로그램을 제안할 수 있을 것입니다.

포인트

- 성과 목표를 명확히 하고, 성과를 의식하고, 성과에 집중한다.

- 피터 드러커가 알려준 '성과를 내는 다섯 가지 원칙'은 성과 창출의 기본 조건이자 기업 생존의 초석이다.

- 성과는 시간의 영향을 받는다. 주어진 시간을 어떻게 성과 창출에 사용할지를 생각한다. 그런 생각 없이 사용하는 시간은 성과와 무관하게 흘러간다.

- 나중에 해도 될 일, 하지 않아도 될 일을 정하면 무슨 일에 집중해야 하는지가 남는다. 그 일에 집중한다.

- 고객 가치 향상은 매출과 이익을 낳는 황금거위다.

- '뭐든지 다 합니다'는 '잘하는 게 없습니다'로 들린다. 자사가 무슨 일을 하는지 명확하게 사업을 규정한다.

- 세상의 모든 경영기술을 알고 있다 해도 실행이 없으면 기업에 아무 혜택도 주지 못한다. 어쩌면 단 한 번의 실행이 위기에 빠진 기업을 구해낼 수도 있다.

- 단일 사업으로 향후 1세기 동안 전성기를 누릴 자신이 없다면 다각화를 통해 사업 안정을 도모한다. 이는 조직 구성원에 대한 경영리더의 책임이다.

원칙 4

학습하는 조직의
원칙

학습하는 기업 learning company을 실현하다

피터 드러커는 그의 저서 『자본주의 이후의 사회(post-capitalist society)』 (1993)에서 "지식이 사회적 부의 원천이 될 것이다"라고 말합니다. 그는 정보와 지식에 기반한 현대사회를 지식사회라 부르며, '지식 노동자(knowledge worker)'가 이 사회의 주도적 집단으로 떠오를 것이라고 주장합니다. 지식사회에서 활약하기 위해서는 지속적으로 정보와 지식을 업데이트하는 것이 중요합니다. 정보와 지식의 생산속도가 빠른 만큼 이전의 것은 즉시 진부해지기 때문입니다. 리더는 조직이 끊임없이 정보와 지식을 습득하도록 장려하고 구성원 간 지식의 정수를 공유하는 조직으로 만들어야 합니다.

- **목표**
  경험과 학습을 통해 최고 수준의 지성집단으로 진화한다.
- **목표를 위해 무엇을 실현해야 하는가?**
  전체 구성원의 성장을 지원하고 자율적으로 학습하는 풍토를 만든다.
- **실행**
  ① 구성원 간 서로 배우고 학습하는 장을 마련한다.
  ② 모든 구성원을 컨설턴트로 규정해 학습의욕을 고취한다.
  ③ 외부에 인적 네트워크를 형성해 지속적으로 정보·지식을 업데이트한다.
- **실행 도구**
  ① 사내 독서모임
  ② 성공 사례 공유 회의
  ③ 전략 입안 과정 참여

리더는 구성원의 성장을 책임지는 교육자다

리더십은 책임입니다. 개개의 구성원이 자신의 한계를 넘어 잠재능력을 최대한 발휘해 조직의 진보와 기업의 성장에 공헌하도록 해야 합니다. 나아가 사회의 구성원으로서 창의적이며 가치 있는 존재가 되도록 만들어야 합니다. 그러기 위해 리더는 가장 성실한 교육자여야 합니다.

폴 오닐 Paul O'Neill 은 위기에 빠진 세계 최대 알루미늄 생산업체 알코아 Alcoa 를 미국에서 가장 안전한 회사, 우량주 기업으로 끌어올린 경영인으로 유명합니다. 그는 피터 드러커의 경영론 가운데 '사람 중심의 좋은 회사 만드는 세 가지 조건'을 경영의 신조로 삼고 이를 철저히 이행함으로써 회사를 위기에서 건져내고 최고의 수익을 창출할 수 있었습니다.

이 세 가지 조건에는 구성원의 성장에 필요한 교육의 중요성이 포함되어 있습니다.

사람 중심의 좋은 회사 만드는 세 가지 조건[1]

① 인간으로서 존중받고 있는가?
② 성장에 필요한 교육을 지원받고 있는가?
③ 정당한 평가를 받고 있는가?

조직은 사람이 전부입니다. 사람은 기업의 핵심자산입니다. 사람의 성장은 곧 기업의 성장입니다.

가치를 창출하는 것은 기계나 돈이 아닙니다. 가치를 창출하는 것은 조직 구성원입니다. 그러므로 구성원이 성장하지 못하는 조직이라면 기업은 가치창출의 기반을 상실하게 되는 것입니다.

구성원의 성장을 도모하고 교육시스템을 지원하는 것, 지식사회의 경영리더에게 요구되는 가장 중요한 책임입니다.

학습하는 조직

조직의 힘은 사업에 관한 지식·노하우를 기반으로 합니다. 피터 드러커는 "조직의 우열은 사업에 관해 학습하는 조직과 학습하지 않는 조직의 차이에서 나타난다"라고 말합니다. 조직은 서로 배우고 가르치며 학습하는 조직이 되어야 합니다.

학습하는 조직을 위해 현재 기업에서 많이 실행하고 있는 사례 두 가지를 소개하겠습니다.

> 사례   ① 사내 독서모임
>
> 책을 읽고 의견을 나누는 단순한 모임이지만, 한 달에 한 번씩, 1년 이상 꾸준하게 진행하면 구성원들이 지적으로 현저하게 성장할 수 있습니다. 같은 책을 읽고 생각을 교환하면 지식도 공유되고 상호 이해도도 깊어지고 협력도 강화됩니다.
>
> 사내 독서모임의 주제는 기본적으로 경영 및 업무 관련 분야를 중심으로

하되 최근 사회 전반의 다양한 영역에서 인문학적 지식을 요구하고 있으므로 인문학도 함께 읽도록 합니다.

대체로 다음 네 가지 주제를 고려할 수 있습니다.

사내 독서모임의 주제

- **경영에 관한 것(경영학):** 경영에서 가장 중요한 마케팅을 이해하고 그 다음 혁신, 리더십, 재무 등의 경영 지식을 배웁니다. 컨설턴트나 외부 교육 기관을 함께 활용한다면 최신 경영 이론이나 풍부한 사례를 습득하는 이점이 있습니다.

- **업계의 전문지식(전문서):** 서적뿐만 아니라 전문잡지나 관련 논문을 보는 것도 좋습니다. 또는 오랫동안 한 분야에 종사해 온 내부 직원을 통해 업계 동향, 관련 지식, 최신 기술 등을 배웁니다.

- **인간과 관련한 근원적인 문제에 관한 탐구(인문학):** 논어 등의 고전, 철학, 위인의 인생관·세계관 등 인간의 영혼에 양식이 되는 책을 읽고 인간으로서 어떻게 성장해야 할지에 대해 논의합니다.

- **구성원의 사명감을 높일 수 있는 것:** 독서모임이라고 해서 반드시 책이 필요한 것은 아닙니다. 경영자와 함께 자사의 경영 이념, 철학, 가치관 등에 대해서도 서로 논의할 수 있습니다. 이는 구성원의 사명감을 높이는 데 목적이 있습니다. 자사의 존재 이유, 자사가 사회에 제공해야 하는 가치 등에 대해 기탄없이 의견을 나누고 사회 구성원의 일원으로서 사회에 공헌하겠다는 사명감을 갖고 일할 수 있도록 합니다.

사례   **② 성공 사례 공유 회의**

조직은 정보의 집합체입니다. 성공 사례 공유 회의는 성공한 일의 과정을 공유하고 모두가 그것을 재현할 수 있도록 서로 배우고 가르치는 것으로, 조직의 지식 강화 및 정보 공유를 목적으로 합니다.

영업부서라면 괄목할 만한 매출을 올린 구성원이나 팀으로부터 어떻게 해서 그런 성과를 낼 수 있었는지를 듣고 분석하고 의견을 나눕니다. 당사자 입장에서도 이는 자랑스러운 자리이며 동기 부여가 될 것입니다. 또한 자신의 노하우를 객관화하고 정리할 수 있으며 이는 또다시 성과 창출로 이어지게 됩니다.

일반적으로 가르치는 쪽은 배우는 쪽보다 10배 많은 지식이 필요하다고 합니다. 15분 강의한다고 하면 150분의 예습 시간이 필요합니다. 이 때문에 사람은 가르칠 때 가장 많이 배우고 성장하게 됩니다.

구성원들이 서로 가르치고 배우는 학습의 장을 마련하면 조직은 스스로 학습하는 조직으로 진화합니다. 자발적으로 배우고 함께 성장해 가는 조직 풍토를 만드는 것이 경영리더의 일입니다.

학습하는 조직은 구성원의 자기개발에 대한 동기 부여가 있어야 하며 성공사례를 배우고 현장에 적용할 줄 알아야 합니다. 학습하는 조직은 개개의 구성원이 지적 존재로 성장하고 최고의 자기실현을 이루도록 하겠다는 경영리더의 신념이 있어야 합니다. 자발적으로 배우고 함께 성장해 가는 조직문화는 이로써 가능합니다.

구성원의 셀프이미지 고양하기

역사상 위대한 인물은 자신의 한계를 한정짓지 않고 무한한 열정과 도전 정신으로 사람들이 상상할 수 없을 정도의 큰 업적을 이루었습니다. 자신을 믿고 기대 가운데 계속 전진하면 사람은 그만큼 성장하고 인생의 성과도 커집니다.

나는 수많은 리더들을 만나는데 그들 중 높은 성과를 올리는 리더에게는 공통된 특징이 있다는 것을 알았습니다. 그것은 셀프이미지, 즉 '해낼 수 있다'고 하는 자신감과 자기신뢰감이 높다는 사실입니다.

셀프이미지는 특히 영업 부문에서 그 유무의 차이가 현저히 드러납니다. 1등 영업맨과 그렇지 않은 영업맨은 능력에 큰 차이가 있는 것이 아니라 자신에 대한 기대, 신뢰, 자신감 등의 차이가 있을 뿐입니다. 1등 영업맨의 대부분은 이 셀프이미지를 높게 가지고 있습니다.

높은 셀프이미지는 적극적인 태도를 동반하며 이는 사람을 매력적으로 보이게 합니다. 매력적인 사람은 상대로 하여금 관심을 갖게 하고 이야기에 귀를 기울이게 합니다. 조직 구성원의 매력이 증가하면 사업은 크게 발전할 동력을 갖게 되는 것입니다.

19세기와 20세기에 걸친 일본의 위대한 사상가 나카무라 덴푸中村天風는 "먼저 인간을 만들어라. 사업은 그 뒤에 따라온다"라고 말합니다. 인간을 만든다는 것은 자기를 연마하고 자기에 대한 강한 신뢰감을 갖고 높은 셀프이미지를 유지하는 것을 의미합니다.

그러면 셀프이미지를 높이기 위한 방법에는 무엇이 있을까요? 가장 쉽게 할 수 있는 방법들을 소개하겠습니다.

평소와 다른 옷이나 장신구로 분위기를 바꿔봅니다. 새로운 맛집을 방문해 봅니다. 많은 사람이 모이는 시끄러운 모임에 참가해 봅니다. 가슴을 펴고 자세를 바르게 합니다. 부정적인 말을 멈추고 적극적인 말을 말합니다.

　이 밖에도 모델링이라는 것이 있습니다. '성공하고 싶으면 성공한 사람이 하던 대로 하라'라는 말처럼, 선망하는 사람을 따라해 보는 것입니다. 그 사람의 옷, 행동, 말투, 자세 등을 흉내 내면서 그 이미지를 구현해 가는 방법입니다.

　한편 셀프이미지는 자부심과 자존감을 바탕으로 형성됩니다. 리더는 구성원들이 자부심을 갖고 일하도록 할 책임이 있습니다. 자신은 조직에서 의미 있는 일을 하고, 중요한 일을 하는 가치 있는 인간이라고 느끼도록 해야 합니다. 조직 구성원이 자부심과 자신감을 상실한 채 일을 한다면 그 조직은 무기력한 급여 집단일 뿐입니다.

축적형 인간

조직의 힘은 사업에 관한 지식·노하우를 기반으로 합니다. 얼마나 다양한 지식과 경험이 축적되어 있는가에 따라 강약이 결정됩니다.

　개인도 마찬가지입니다. 성과를 올리는 사람은 업무를 통해 배우는 지식·경험을 흘려보내지 않고 진보의 거름으로 여기고 차곡차곡 쌓아갑니다.

　축적형 인간은 진보의 가능성을 갖고 있을 뿐만 아니라 문제가 발생했을 때나 어려운 환경에 처했을 때 무지 때문에 조직을 더 위태롭게 하지 않을 실력을 갖추었다고 할 수 있습니다. 인간의 능력에는 사실상 큰 차이가 없습니다. 다만 배우는가, 배우지 않는가에 차이가 있을 뿐입니다.

또한 앞서도 말했듯 지식사회에서는 새로운 지식과 정보의 생성이 빠르므로 이전의 것은 금세 진부해집니다. 예를 들어 세법은 매년 개정되는데 세무사가 최신 세법으로 업데이트하지 않는다면 그는 더 이상 일하지 못하게 될 것입니다.

최선봉에 서 있으려면 항상 지식을 최첨단으로 업데이트하십시오. 지식사회에서 중요한 것은 평생학습입니다.

모든 구성원을 컨설턴트로 규정하기

조직 구성원이 지속적으로 학습하고 능력을 극대화해 조직에 기여하도록 하기 위해서는 해당 업무의 전문성을 인정하고 구성원을 컨설턴트로 규정합니다.

컨설턴트의 강점은 전문분야에 관한 지식입니다. 지식이 없는 컨설턴트는 무가치합니다.

어느 기업의 안내직원으로 일하는 C는 자신을 컨시어지concierge로 규정하고 '우리 회사를 방문하는 사람 모두가 우리 회사에 대해 호의적인 인상을 받도록 하겠다'라는 목표를 가지고 있습니다. C는 일류 호텔 출신의 저자가 쓴 접객 서비스 관련 서적을 읽었고, 항공기 승무원 출신 강사의 접객 세미나에 참석하며, 꽃꽂이와 차도까지 배웁니다. 내가 C의 회사를 방문했을 때 고객 대기실에 꽃이 아름답게 장식되어 있어 매우 기분 좋은 공간이라고 생각했습니다.

조직 구성원을 컨설턴트로 규정하면 지식과 성장을 향한 의욕이 상승하고 자부심도 높아집니다.

구체적으로는 다음과 같은 세 가지 효과가 나타납니다.

① 자신의 업무와 관련한 전문지식을 습득한다: 지식
② 더 뛰어난 전문성을 갖추기 위해 학습 의욕이 고취된다: 학습
③ 전문가로서의 자부심이 생긴다: 자부심

이에 대한 적용 사례를 봅시다. 기업의 안내직원을 컨설턴트로 규정하면 그는 안내직원이 아니라 접객 전문 컨설턴트가 됩니다.

① 지식: 업무와 관련한 전문지식으로는 기본 매너, 발성, 인사 및 행동예절 등이 있습니다.
② 학습: 더 전문적인 매너 교육에 참가하거나 관련 서적을 읽거나 일류 호텔 서비스를 체험해 볼 수도 있습니다.
③ 자부심: 지식과 학습의 축적을 통해 그는 접객 교육 담당자가 될 수 있습니다. 그러면 일에 대한 자부심도 높아집니다.

총무 경리 직원은 재무 전문 컨설턴트입니다.

① 지식: 전문지식은 부기, 관리회계, 원가회계, 비용 절감 등입
   니다.
② 학습: 부기 자격증을 취득하거나 회계 교육을 수강합니다.
③ 자부심: 수년 지나면 재무 전략을 설계하는 기획 담당자가
   될 수도 있습니다. 업무의 자부심, 보람도 한층 높아집니다.

인사부 직원은 노무사 자격을 취득해 전문성을 올리고 인사전
문 컨설턴트로서 활동할 수 있습니다. 영업부 직원은 세미나나
관련 서적을 통해 다양한 영업기술을 습득한다면 영업 컨설턴트
로서 자신은 물론이고 팀을 최고의 영업 집단으로 만들 수도 있습
니다.

나는 강연회에서 자신을 컨설턴트로 규정하도록 강조합니다.
그러면 자신의 일에 대한 전문성을 인식하고 무엇을 배우고 강화
하면 자신의 가치가 높아지는지 알 수 있습니다.

조직을 고무하십시오. 구성원은 고무된 만큼 성장하고 실력을
발휘해 줍니다.

외부에 인적 네트워크 만들기

현대 비즈니스에서는 정보로부터 고립되는 것만큼 위험한 것은 없습니다. 피터 드러커도 "고립은 조직의 죽음을 의미한다"라고까지 말합니다.[2] 여기서 말하는 고립은 내부 지향적이며 생각이 업계 내에만 머물러 있는 것을 말합니다.

업계 안은 이미 아이디어 포화 상태이기 때문에 사업을 발전시키는 새로운 아이디어는 업계 바깥에서 찾아야 합니다. 아이디어는 항상 '밖'에 있습니다.

경영리더는 외부에 인적 네트워크를 갖추고 있어야 합니다. 이 업종에 종사하는 사람, 컨설턴트, 전문직 종사자 등 다양한 인적 네트워크를 구성하면 새로운 아이디어를 얻거나 협업을 하는 등 사업 발전의 동력을 얻을 수 있습니다.

어느 경영인은 자사 사업과 관련성이 없는 학자, 컨설턴트 등 여러 명의 외부 인사와 분기에 한번 정기적으로 만나면서 다른 생각, 다른 관점, 다른 세상의 이야기를 듣고 새로운 아이디어를 얻을 기회를 가집니다. 그는 그 모임을 브레인 팀이라고 명명하고 자사 조직으로 두고서 최신 정보를 늘 업데이트합니다.

이업종 교류회나 도전적 에너지를 가진 사람들과 적극적으로 교류하는 것은 경영자나 임원뿐만 아니라 관리자에게도 필요합니다. 영업부장이 부서의 실적을 올리고 싶다면 타 업계의 1등 영업팀의 영업 전략을 배워 자사에 적용할 수도 있습니다.

내가 속한 세상이 아닌 다른 세상에 대해 더 많이 더 정확하게 알려고 하십시오. 그러면 자사의 경영 전략의 타당성과 실효성을 객관적으로 바라볼 수 있습니다. 내가 속한 세상에는 사고의 한계가 있고 관행의 벽이 있습니다. 외부 네트워크를 통해 시야를 넓히고 지적 자극을 받아 천편일률의 지루한 기업이 아닌, 늘 새로운 것을 창출해내는 역동적인 기업으로 진화하십시오.

전략 입안 과정은 교육의 도구다

경영 전략은 조직이 공통된 인식을 갖도록 합니다. 각 구성원이 조직의 방향성을 이해하고 모두가 그 방향을 향하게 하는 것이 전략을 세우는 첫째 목적입니다.

경영 전략을 세울 때 특정인 한사람이 아니라 구성원들이 모여 의견을 내고 논의하면 전략 입안 과정은 구성원의 교육 도구가 되기도 합니다.

전략 입안에는 환경 분석, 마케팅, 혁신, 관리회계 등 다양한 경영의 기본 지식이 필요합니다. 경영을 배우지 않으면 대응할 수 없습니다. 따라서 전략 입안 과정은 조직의 경영 지식과 학습력을 강화하는 좋은 교육 기회가 되며, 책으로 배우는 것보다 실천적으로 경영학을 배울 수 있습니다.

많은 사람이 전략 입안 과정에 참여하게 되면 한 사람이 하는 것보다 시간은 걸리지만, 관계한 사람이 많을수록 전략의 실행력이 높아집니다. 동시에 커뮤니케이션이 활발해져 구성원의 결속력이 강화됩니다. 학습하고 하나가 된 집단만큼 강력한 화력은 없을 것입니다.

포인트

- 조직 구성원이 성장하도록 지원한다. 지적 성장이든 인격적 성장이든 구성원의 성장은 조직을 수준 높은 지성 집단으로 만든다. 지식사회에서 이보다 더 큰 동력은 없다.

- 자율적으로 학습하는 시스템을 만든다.

- 업무를 통해 배우는 지식과 경험을 개인 소장이 아닌 조직의 자산이 되도록 공유 시스템을 만든다.

- 구성원은 무슨 일을 하든지 그 일의 전문가다. 따라서 조직에 주류·비주류 부서란 없다. 'ㅇㅇ지원부' 같은 부서 명칭은 적절치 않다.

- 일상의 업무를 일상적으로 어려움 없이 하는 것은 누구나 가능하다. 경쟁력은 더 잘하려는 데서 생긴다. 더 잘하려면 배워야 한다.

- 인적 네트워크도 경쟁력이다.

리더십 확립의 원칙

리더십 기업 leadership company을 실현하다

리더십은 경영리더에게 반드시 있어야 하는 능력입니다. 리더십이 결여된 경영리더는 기업이라는 배를 키 없이 운행하다가 암초에 부딪혀 결국 모두 함께 침몰하게 만듭니다. 경영리더는 조직이 한 곳을 바라볼 수 있도록 구심점을 두어야 하고, 도전할 때는 두려움 없이 선봉에 서서 이끌어야 하며, 새로운 사업을 창출해 내는 통찰력과 직관력이 있어야 합니다. 그리고 그 바탕은 사람에 대한 인간다운 열망이 전제되어야 합니다. 경영리더는 기업이라는 껍데기가 아니라 그 안에서 일하는 조직을 이끄는 사람입니다. 따르는 사람이 없으면 아무리 출중한 능력을 갖추었다 해도 리더십은 힘을 잃고 맙니다.

경영리더에게 필요한 세 가지 리더십은, ① 조직에 명확한 비전을 제시하는 비전 리더십, ② 새로운 변혁을 추진하는 도전 리더십, ③ 새로운 사업을 창출하는 기업가 정신의 리더십입니다.

리더십은 비단 경영자뿐만 아니라 조직 구성원에게도 각자의 리더십이 필요합니다. 경영리더는 자신의 리더십을 확립하고 구성원에게 책임과 권한을 위임해 구성원의 리더십이 향상되도록 해야 합니다.

- **목표**
  확고한 비전과 철학을 갖고 리더십 경영을 실천한다.
- **목표를 위해 무엇을 해야 하는가?**
  나는 리더십이 있는 리더인지, 그냥 리더인지 자문한다.
- **실행**
  ① 비전 리더십을 확립한다.
  ② 도전 리더십을 확립한다.
  ③ 기업가 정신의 리더십을 확립한다.
- **실행 도구**
  ① 인간적 성실함
  ② 정직함
  ③ 직관력과 통찰력
  ④ 바른 질문

리더십의 조건

마케팅과 혁신으로 고객을 창출하고 생산성을 높이고 학습하는 조직으로 만드는 것이 경영입니다. 경영의 선봉에는 리더십이 있어야 합니다. 기업과 조직의 번영은 전적으로 리더에게 달려 있으므로 리더십의 확립 없이는 어떠한 성과도 기대하기 어렵습니다.

그렇다면 리더십의 조건은 무엇일까요? 이에 대해 피터 드러커만큼 본질적인 답을 한 사람은 없을 것입니다.

① 인간적 성실함

피터 드러커는 리더십에 필요한 절대조건으로 '성실성'을 들었습니다. 이는 리더십이 무엇인지 이해하는 데 중요한 열쇠입니다. 피터 드러커는 "성실성은 후천적으로 배우는 것이 불가능하다"라고[1] 말할 정도로 이를 리더가 갖추어야 하는 차원 높은 자질로 규정합니다.

피터 드러커가 말하는 성실성은 인생·직무에 대한 태도를 말하며, 거기에는 진지함, 진정성, 유교에서 말하는 다섯 가지 기본 덕목인 인의예지신仁義禮智信, 그리고 노블레스 오블리주noblesse oblige 등의 정신을 내포합니다. 이는 단순히 '근면'의 개념을 넘어 '사람의 됨됨이'까지 포괄한다고 볼 수 있기 때문에 나는 드러커의 성실성을 '인간적 성실함'이라고 말하겠습니다. 드러커의 경영학이 오랫동안 수많은 경영인의 손에서 떠나지 않는 이유가 바로 이 같은 고결한 윤리관을 바탕에 두고 있기 때문일 것입니다.

아무리 일을 잘하는 리더라 해도 인간적 성실함이 없으면 리더는 조직에 대한 통솔력이 약화되어 리더십을 발휘할 수 없습니다. 성공적 경영의 전제조건은 경영의 방법보다 인간적 성실함이 우선되어야 한다. 이것이 피터 드러커의 경영철학입니다.

리더십은 DO(무엇을 할까?)가 아니라 BE(어떻게 존재할까?)입니다.

인간적 성실함이야말로 리더십의 기본입니다.

② 정직함

경영의 신이라 불리는 마쓰시타 고노스케는 리더의 조건으로 '정직함'을 가장 먼저 꼽았습니다. 그는 『솔직해지기 위해서素直な心になるために』(2010)라는 책을 쓸 정도로 정직함을 중시했고, '성공하기 위해서는 정직해야 한다'고 말합니다. 그렇다면 왜 정직하지 않으면 성공할 수 없을까요? 마쓰시타는 다음과 같이 취지를 설명했습니다.[2]

정직은 가장 강력한 마음이다.

사심이 없으면 대상의 실체가 보인다.

사업의 실체가 보인다면 실패할 일은 없다.

따라서 정직한 마음은 오류를 범하지 않게 한다.

성공하기 위해서는 정직한 마음이 가장 중요하다.

피터 드러커의 성실함과 마쓰시타의 정직함이 말해주는 것은 사업의 성공은 경영기술보다 인간으로서 바른 모습이 전제되어야 한다는 사실입니다. 인간적 성실함과 정직함, 비단 경영자에게만 요구되는 자질은 아닐 것입니다.

③ 구성원의 능력을 살려내는 것

중국 고전에 따르면 군자의 역할은 '사람이 지니고 있는 덕성을 해방시키는 것'이라고 합니다. 리더십은 사람을 지배하는 권력이 아니라 사람의 지적·정서적 능력을 조직에서 최대한 발휘할 수 있도록 만들어 주는 것입니다.

리더는 성과에 대한 책임이 있습니다. 목표를 달성하기 위해서는 조직 구성원의 능력과 잠재 에너지를 최대한 살리지 않으면 안 됩니다.

사람은 누구나 자신만의 강점을 가지고 있습니다. 구성원의 강점이 철저히 배제되는 조직은 정당성을 가지지 못합니다. 구성원이 존엄성을 인정받고 능력을 마음껏 발휘하며 생기 있게 일하는 조직을 만드는 것, 그것이 리더십입니다.

탁월한 리더십

나는 탁월한 조직과 평범한 조직이 있는 것이 아니라 탁월한 리더와 평범한 리더가 있을 뿐이라고 생각합니다. 조직은 리더의 능력만큼 성장합니다. 리더의 그릇 이상으로 조직이 성장하는 일은 없습니다. 리더의 한계는 조직의 한계입니다. 그러므로 경영상의 모든 일은 리더의 책임이라는 것을 자각해야 합니다.

피터 드러커는 "리더십이란 구성원의 시야를 높이고 제약을 넘어서서 성장하도록 하는 것"이라고 말합니다.[3]

리더는 높고 멀리 봐야합니다. 왜냐하면 구성원의 시야는 리더를 넘지 않기 때문입니다. 리더는 결코 꺾이지 않는 기개로 계속 전진해야 합니다. 그렇지 않으면 조직과 구성원의 성장에 한계를 두게 됩니다.

'1등'은 조직을 고무하는 데 매우 단순하고 알기 쉬운 목표입니다. 나는 피터 드러커의 경영론을 전문으로 하는 컨설턴트로서 타의 추종을 불허하는 국내 제일을 목표로 활동하고 있습니다.

최고의 리더가 되는 것을 목표로 하십시오. 최고의 조직을 만드십시오. 업계 1등, 국내 1등, 고객만족도 1등, 재구매 1등……, 사업의 모든 목표를 1등으로 설정하십시오. 1등을 목표로 하는 순간 리더로서의 기개와 도전 정신이 조직에 투영되어 조직의 시야를 높이고 타협을 없애고 용기로 들끓게 할 것입니다.

높은 기개를 가지고 구성원을 한데 모아 불가능하게 보이는 제약을 넘는 것이 리더십입니다.

리더십의 근간은 사명의식

사명의식은 리더십을 형성하는 근간입니다. 사명의식 없이는 리더십을 발휘하기 힘듭니다. 사명의식은 목표를 향해 전진하게 하며 실패에 주저앉지 않고 목표를 완수하려는 열정을 발동시킵니다. 리더가 사명의식을 가지고 행동할 때 리더십은 자연적으로 발휘하게 됩니다. 이 사실을 잘 보여주는 한 인물을 소개하겠습니다.

아프가니스탄의 사막에서 20년 이상 활동해 온 의료 NGO 소속의 나카무라 테츠中村哲. 그는 사막에 24㎞나 되는 수로를 만들어 많은 마을 주민들을 구한 위대한 리더다.

나카무라는 원래 의사로서 아프가니스탄에서 구호 활동을 주로 했는데, 아무리 의료활동을 해도 전쟁의 근본 문제인 빈곤이 해결되지 않으면 아무것도 안 된다는 생각이 들어서 전혀 문외한인 건설사업을 시작하게 된 것이다. 이 사업을 하는 동안 적군으로 오해받아 미군으로부터 총알세례를 받는가 하면 함께 활동하던 동료가 현지의 과격파에게 죽임을 당하는 등 수많은 한계에 부딪치곤 했다. 결국 그는 동료들을 더 이상 위험한 상황 속에 둘 수가 없어 본인 외의 모든 NGO 활동가들을 귀국시키고 혼자 이 사업을 이어나갔다.

그리고 6년의 세월이 지나 드디어 수로를 완성했다. 메마르고 황량한 바위투성이인 대지에 물이 흐르는 순간, 마을 사람들은 모두 그를 부둥켜안고 울었다. 목숨을 걸고 자신들에게 헌신한 그의 리더십에 감복한 것이다.

이 수로를 완성하기 직전, 나카무라는 마을 사람들 앞에서 모두를 북돋는 연설을 했다.

"비 오는 날에나 강한 햇볕이 내리쬐는 날에도 여러분은 혼신의 힘을 다해 일해주셨습니다. 우리는 이제 목적지에 가까이 왔습니다. 이 수로가 미래의 희망이 될 것을 기원합니다. 필요한 것은 물과 음식입니다. 전쟁으로는 아무 것도 해결되지 않습니다."

매우 작은 체구의 그지만, 온 몸에서 뿜어 나오는 에너지는 사명을 완수하려는 그의 후퇴하지 않는 리더십을 보여준다.

기업에서는 소수의 구성원에게조차 신뢰를 얻지 못해 리더십에 고민하는 리더가 많은데 왜 이방인인 나카무라에게는 수백 명의 사람들이 모이고 또 그를 믿고 따라갔던 것일까요? 그에게는 흔들리지 않는 강한 사명이 있었기 때문입니다.

나카무라는 동료들과 함께 고국으로 돌아와 아무 불편함 없이 생활하는 것을 선택할 수 있었습니다. 그 선택에 대해 누구도 비난하지 않을 것입니다. 그런데 그는 왜 죽음을 불사하면서까지 이 위험한 도전을 계속했던 것일까요? 바로 사명 때문이었습니다. 자신의 생명을 담보할 만큼 아프가니스탄의 사람들에게 생명과 평화를 주어야겠다는 강한 사명이 있었기 때문입니다. 그리고 결국 그는 아프가니스탄에서 별이 되어 그의 마지막 사명을 다했습니다.

세 가지 리더십

리더에게는 다음 세 가지 리더십이 필요합니다.

①비전 리더십
②도전 리더십
③기업가 정신의 리더십

앞서 본 나카무라의 리더십을 이 세 가지에 대응해서 보도록 합시다.

①비전 리더십

아무것도 없는 사막에 나카무라가 그린 가슴 벅찬 미래는 물과 생명, 평화, 작물을 거두는 사람들, 웃는 얼굴 등이었습니다. 그의 이런 비전으로 인해 마을 사람들은 바위투성이인 대지에서 뙤약볕을 받으면서도 묵묵히 일할 수 있었습니다. 비전으로 구성원을 북돋우고 제약을 넘어서게 했던 것입니다.

②도전 리더십

나카무라는 세상을 보다 좋게 바꾸고 싶다는 변혁의 의지가 있었습니다. 문제보다 기회를 보는 기회지향의 적극적인 자세가 있었습니다.

사명감을 근간으로 하는 세 가지 리더십

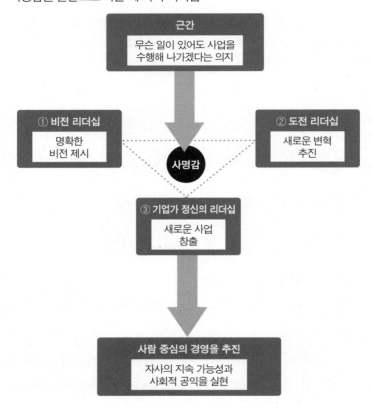

그는 아프가니스탄에 평화가 반드시 올 것이라는 확신을 갖고
문제에 집착하지 않고 미래에 집중했습니다.

③ 기업가 정신의 리더십

기업가 정신이란 새로운 사업을 설계하고 이끌어가는 능력을 말하며, 여기에는 비전과 도전의 리더십이 갖춰져야 합니다.

'세상을 보다 좋게 바꾸겠다'라는 비전과 '사막에 수로를 놓겠다'라는 도전은 나카무라의 기업가 정신의 리더십을 집약해 보여줍니다.

리더십은 경영자에게만 필요한 것이 아닙니다. 조직 구성원에게도 리더십은 필요합니다. 오늘날의 기업의 중요한 과제 중 하나는 모든 구성원의 리더십 확립입니다. 전체 구성원의 리더십이야말로 기업 경영의 강력한 엔진이기 때문입니다. 우선 경영자가 세 가지 리더십을 확립한 후 모든 구성원을 리더로 자각시키고, 그다음에 구성원의 리더십 확립을 전개해 갑니다.

비전 리더십을 확립한다

비전 리더십은 조직이 지향해야 하는 곳을 명확하게 제시하는 것입니다. 구성원은 리더가 제시하는 이 비전을 따라갑니다. 그러므로 조직에는 비전이 불가결합니다.

비전 리더십의 확립에는 다음 세 가지가 필요합니다.

① 가치관을 확립한다
② 비전을 명확히한다

③ 구성원과 공유한다

① 가치관을 확립한다

리더십은 영향력입니다. 조직 구성원으로 하여금 자발적으로 헌신하게 하는 것. 이것이 리더의 영향력입니다. 영향력은 리더의 가치관에 의해 강화되거나 약화되거나 합니다. 그래서 리더는 자신이 어떤 가치관을 갖고 있는지 확인해야 합니다.

자신의 가치관을 알고 가치관의 확립을 위해 다음 세 가지를 실천해 보기 바랍니다.

• **위대한 리더들의 가치관을 본다** 존경하는 리더를 떠올립니다. 역사적 위인이나 현존하는 인물, 아니면 가공의 인물이라도 상관없습니다. 그 리더의 가치관을 한마디로 압축해서 봅니다. 예를 들면 스티브 잡스는 갈망, 존 록펠러는 경청, 레이 록(맥도널드 회장)은 원칙 등과 같은 식입니다.

존경하는 리더는 자신이 지향하는 가치관의 체현자입니다. 자신이 어떤 가치관을 중시하고 있는지 알 수 있을 것입니다.

• **일 및 사생활에서 절대 허락하지 않는 행위가 무엇인지 본다. 그리고 그 행위를 왜 허락하지 않는지, 그것이 자신의 어떤 가치관에 반하는지 확인한다** 어떤 행위에 대해 화가 난다면 그것은 자신의 가치관에 상반된다는 사인입니다. 예를 들어 거짓말이나 지각에 화가 난다

면 신뢰성, 규율을 중시하는 가치관을 갖고 있다는 의미입니다.

특정 행위에 대한 자신의 반응을 인지하면 중요시 하는 가치관이 보다 선명해집니다.

• **가치관을 체현하는 실행 원칙을 정한다**　가치관이 명확해졌다면 그 가치관을 체현하고 지키기 위해 원칙을 정합니다. 예를 들어 도전 정신이 가치관이라면 이를 체현하기 위해 구성원의 어떤 아이디어라도 존중한다는 원칙, 그 아이디어 중 최소한 하나 이상은 반드시 실행해 본다는 원칙, 실행 결과 실패했다면 원인을 찾아 다시 시도한다는 원칙 등과 같은 것입니다.

실행 원칙을 정해두면 가치관과 행동은 일관성을 유지할 수 있습니다. 일관된 가치관과 행동은 구성원에게 업무적인 영향력뿐만 아니라 정서적인 면에서도 영향력을 미칩니다.

변화하는 시장 환경에서는 변화에 맞춰 최적의 행동을 해야 합니다. 다시 말해 실행 방법이 바뀌는 것이 당연합니다. 그러나 근간이 되는 가치관은 흔들리지 말아야 합니다. 경영자의 가치관이 변하면 기업이 변합니다.

경영활동에서는 선택의 순간이 많습니다. 이때 선택의 기준은 가치관입니다. 경영자는 자신의 가치관에 부합하는 선택을 해야 합니다. 가치관이 일관되지 못하면 선택의 결과를 구성원으로부터 인정받지 못하며 리더십도 약화됩니다.

피터 드러커도 리더의 일관성에 대해 강조합니다. "리더가 공언하는 신념과 행동은 일치되어야 한다. 리더십은 조직 구성원의 신뢰를 바탕으로 발휘된다. 구성원의 신뢰는 리더의 일관성에 기인한다."[4]

② 비전을 명확히 한다

리더는 비전으로 이끌어갑니다. 미래에 어떤 조직을 실현할 것인지, 목표가 무엇인지, 지향하는 핵심 가치가 무엇인지 등에 대해 명확하게 제시해야 합니다.

비전은 미래의 모습입니다. 미래 세상이 우리 회사로 인해 어떻게 좋아질지에 대한 청사진입니다. 그래서 비전에는 세상에 대한 기업의 사명이 진지하게 묻어 있어야 합니다.

위대한 리더는 모두 세상을 바꿀 정도의 위대한 비전을 선포하고 또 그것을 이루었습니다. 비전이 없는 리더십은 목적지 없이 항해하는 배와 같습니다. 구성원은 어느 방향으로 갈지, 무엇을 해야할지 모릅니다. 이런 배는 외부의 바람에 이리저리 흔들리며 집단은 연대의식 없이 분열됩니다. 경영은 현재를 이해하고 미래를 예측하는 눈을 상실하게 되며 조직은 정당성을 부여받지 못하게 됩니다.

명확한 비전을 확립합니다. 비전은 리더십의 영향력을 극대화합니다. 비전은 구성원의 에너지를 하나로 결집시키는 거대한 자석과도 같습니다.

③ 구성원과 공유한다

조직 구성원이 비전을 향해 매진하도록 하기 위해서는 비전이 구성원에게 명확하게 전달되어야 합니다. 경영자가 아무리 일하기 좋은 회사로 만들겠다는 비전을 가지고 있어도 구성원에게 전달하지 않으면 구성원은 맹목적인 실행을 할 수밖에 없습니다.

비전의 전달은 일반적으로 연초나 창립기념일에 비전 선포식을 하고 경영자의 스피치로 끝나는 경우가 많은데, 구성원과 공유해 일상적으로 의식할 수 있도록 문서화하기를 권합니다.

비전을 공유할 때는 비전 실행안이 구성원에게 어떤 가치가 있는지에 중점을 둡니다. 듣는 사람은 자신에게 어떤 혜택이 있는지에 관심이 있습니다. 이 계획은 훌륭하므로 실행하라는 것이 아니라 '이 계획은 구성원에게 이런 좋은 점이 있다'고 하는 것이 구성원의 공유의식을 고취시킵니다. 특히 지금까지와 앞으로는 무엇이 다른가를 분명하게 하는 것이 좋습니다. 어떤 부분이 바뀌며 더 좋아지는지 새로운 점은 무엇인지, 전과 후를 명확하게 하면 구성원의 이해도는 보다 깊어질 것입니다.

도전 리더십 확립하기

경영은 시장·고객의 변화에 대응하는 것입니다. 변화를 관리해서 이익을 창출하는 것이 경영입니다. 변화에 대응하지 못하는 기업은

구성원과의 비전 공유

---

1. 비전: 향후 자사가 나아갈 방향
2. 가치관: 자사가 지켜나가야 하는 가치관
3. 자세: 리더를 비롯한 조직구성원 모두가 지녀야 할 공통사항
4. 실행 방침: 앞으로 무엇이 달라지는지, 이전과 비해 어떤 장점이 있는지를 전달
   ① 급여
   ② 인사체계 및 평가시스템
   ③ 성장 지원

예시: 제조업체 A사의 비전 공유

• 비전
고객제일주의를 실천하고 국내 제일의 기업을 지향한다.

• 가치관
- 법령 준수
- 신속한 업무 처리
- 전문지식을 높여 탁월한 인재가 되고 지속 학습으로 사회에 필요한 구성원으로 성장

• 자세
- 올바른 생각×열정×노력
- 전진과 도전

• 평가(급여·포상)
- 노력하고 성과를 올린 사람을 높게 평가
- 고객에게 가치를 제공하는 사람을 높게 평가
- 개인의 성과 평가가 낮더라도 팀의 성과 향상에 공헌한 사람을 높게 평가

• 인재 육성
- 구성원의 성장을 지원(연수·세미나·도서 구입 등)
- 리더로 육성할 인재에 대해서는 보다 교육을 강화하고 급여 상향 조절

영속할 수 없습니다. 경영자는 변화에 떠밀리지 않고 변화를 견인 해가는 도전자가 되어야 합니다.

도전 리더십의 확립에는 다음 세 가지 자세가 필요합니다.

① 변화의 주체가 된다.

② 문제보다 기회를 본다.

③ 위협을 기회로 삼는다.

① 변화의 주체가 된다

경영은 변화를 관리하는 것입니다. 변화를 관리하려면 스스로가 변화의 주체가 되어야 합니다. 도전리더는 구성원이 변화를 회피하지 않고 기회로 삼을 줄 아는 조직으로 만들어야 합니다. 그런데 시장과 조직은 반대의 성격을 가지고 있습니다. 시장은 끊임없이 변화하는데 조직은 변화를 싫어합니다.

사람은 원래 변화를 싫어합니다. 과거의 방식을 바꾸는 것에 많은 스트레스를 느낍니다. 조직은 그대로 두면 점점 더 안정을 추구하게 되고 변화거부가 고착화됩니다. 하지만 시장은 정반대입니다. 쉴 없이 변하고 끊임없이 움직이고 있습니다. 오늘 새로운 것이 내일도 통용될 것이라는 보장이 없는 곳입니다.

리더의 역할은 이러한 역동적인 시장의 공기를 내부에 불어넣어 안정 지향에 빠지는 조직을 자극해야 합니다. 시장에 맞게 조직을 끊임없이 변혁해 가야 합니다. 그러지 않으면 그들의 안정된 보금자리는 몰락과 해체의 구렁텅이가 될 것입니다. 변혁에는 반드시 저항세력이 있지만 건전한 마찰은 조직이 진화하고 있는 징후라고 할 수 있습니다.

변혁의 목적은 성과 창출입니다. 기업은 이익을 창출하고 사회에 공헌하기 위해 존재합니다. 기업이 성과를 내지 못하면 경제는 파탄되고 사회는 불안정해지고 국가는 위기에 직면하게 됩니다. 성과는 안정된 조직에 어느 날 툭 떨어지는 것이 아니라 부지런히 변화를 맞고 그 가운데서 기회를 포착하는 자에게 주어집니다.

성과는 조직 안에서 거둘 수 없습니다. 성과의 기회는 조직 외부, 즉 시장·고객에게만 있습니다. 외부의 변화에 민감하며 그것을 어떻게 기회로 활용할 것인지를 생각하는 것이 조직의 가장 중요한 과제입니다.

변화를 지각하고 변화의 최전선에 서서 기회를 모색하는 도전 리더가 되십시오. 리더는 안정이라는 환상을 버리고 스스로 균형을 깨뜨려 변화 속에 몸을 던지는 자세가 필요합니다.

② 문제보다 기회를 본다

리더는 낙관적이어야 합니다. 혼미한 시대를 살아내는 자는 비관적인 분석가보다 낙관적이며 미래를 바라보는 도전자입니다. 미래를 보면 기회가 보입니다.

리더는 문제보다 기회를 보아야 하며, 문제 안에서도 기회를 찾을 줄 알아야 합니다. 문제에 집착해 기회를 놓치거나 아예 기회를 찾을 생각조차 하지 않는 어리석음을 피해야 합니다. 성과는 기회에서만 창출됩니다.

③ 위협을 기회로 삼는다

도전리더는 환경의 변화뿐만 아니라 위협도 기회로 이용합니다. 위협을 극복하는 방법을 발견하면 오히려 경쟁사와 크게 차이를 두고 도약할 수 있습니다.

사례	**저출산 위협을 기회로 이용해 지속 성장을 이룬 란도셀 업계**

> 란도셀ランドセル(초등학생용 책가방)은 이전에는 남자 어린이는 검정색, 여자 어린이는 빨강색으로 동일한 디자인·가격대의 제품만 있던 시장이었습니다. 그런데 최근 10년 사이에 이 시장은 두 배 이상 성장했습니다. 일본의 출생 인구가 연간 100만 명을 밑돌고 있고 그에 따라 란도셀을 사용하는 초등학생 어린이가 줄고 있는 상황인데 업계는 성장하고 있는 것입니다. 고객이 감소해 가는 가운데 어떻게 기회를 창출할 수 있었을까요?
>
> 란도셀 업계는 소비자의 의식이 기능에서 경험으로 시프트하는 가운데 지금까지 기능성만을 강조하던 것에서 '일생에 딱 한 번의 구매'라고 하는 특별한 소비 체험을 제안했습니다.
>
> 지금의 어린이에게는 '주머니가 여섯 개 있다'는 말이 있습니다. 아이 한 명당 부모와 조부모 그리고 외조부모가 원조하기 때문에 여섯 개의 지갑이 소비의 원천이 된다는 의미입니다. 그래서 부모나 조부모를 대상으로 매력적인 캠페인을 실시하고 자녀나 손주를 위해 일생에 딱 한 번 고급 란도셀을 선물하라는 제안이었습니다.
>
> '시장 감소'라는 위협 속에서 '여섯 개의 지갑'이라는 기회를 발견하고, 오랫동안 전통처럼 이어져 내려온 단일 디자인·컬러·소재를 다양화해 새로운 하이엔드 시장을 개척한 란도셀 업계는 다시 한 번 약진의 역사를 쓰게 되었습니다.

나는 성공적 인생은 '도전하는 자세'라고 생각합니다. 물질을 성공의 잣대로 삼는 세상이지만, 그것은 어디까지나 결과로 얻어지는 것일 뿐, 도전하는 자세야말로 물질로 얻을 수 없는 정신과 인격의 성공인 것입니다. 그래서 리더십은 도전하는 자세에서 그 빛을 발합니다.

새로운 것에 도전할 경우 한 번의 실패도 없이 성공하는 일은 없습니다. 역사상 위대한 사람 그 누구도 실패 없이 성공한 사람은 없습니다. 실패가 있기 때문에 성공할 수 있는 것입니다. 실패를 두려워하기보다 한 번도 도전해 보지 않은 것을 두려워해야 합니다. 도전하지 않는 것이 가장 큰 실패입니다.

시대의 변화를 피하지 않고 문제와 위협을 뚫고 도전하는 리더의 모습은 구성원을 고무하고 열정을 불어넣고 도전하게 합니다.

당신의 조직이 그러한 리더를 만날 수 있게 하십시오.

기업가 정신의 리더십을 확립한다

'기업가'란 말 그대로 새로운 사업을 설계하고 그것을 이끌어가는 능력을 가진 사람을 말하며, 기업가 정신이란 그런 사람의 생각과 마음가짐, 행동 등을 의미합니다.

우리가 지금과 같은 고도성장을 이루고 풍요로운 생활을 할 수 있는 것은 이 같은 기업가들의 기업가 정신 덕분입니다. 경제성장이 정체되고 있는 지금과 같은 환경에서는 다시 한 번 기업가 정신을 가지고 경영을 재건하고 사회에 활력을 불어넣는 것이 필요합니다.

피터 드러커는 자신의 책 『기업가 정신Innovation and Entrepreneurship』 (1985)에서 "경쟁력을 확보하려면 첨단기술이 아닌 기업가 정신이 필요하다"라고 말합니다.

나는 컨설팅에서 종종 '그것은 불가능하다', '무리다', '위험 부담이 크다' 등의 제약 조건만 늘어놓는 부정적 리더를 만나는 경우가 있습니다. 이는 도전해 온 과거를 잊고 유지에만 신경 쓰는 관리형 사고방식으로 생산성이 낮은 업무에 에너지를 소모하고 있음을 보여줍니다. 나는 이를 '죽은 물고기 같은 눈을 가진 상태'라고 일침을 놓습니다.

현상 유지의 자세는 도전보다 안전해 보일 것 같지만 그렇지 않습니다. 기업의 현상 유지란 운동하지 않고 누워만 있는 사람과도 같습니다. 운동하지 않는 기업은 몸의 근력뿐만 아니라 정신의 근력도 떨어져 쇠약해져 버립니다.

조직을 움직이게 하려면 혁신이 필요합니다. 혁신은 기업가 정신을 발휘할 때 나옵니다. 조직은 새로운 무언가를 끝없이 갈망해야 합니다. 그 갈망하는 것을 얻기 위해서는 도전하고 위기를 대면하면서 근력을 강화해야 합니다. 기업가 정신의 리더십은 비실비실한 조직을 근육질의 탄탄한 조직으로 변신하는 길을 열어 줍니다. 나아가 기업가 정신을 조직의 의식 기반으로 삼으면 조직은 주체적으로 운동하고 능동적으로 사유하는 집단이 됩니다.

조직을 기업가 집단으로 만들기

기업가 집단은 지시해야 움직이는 수동형이 아니라 스스로 사유하고 능동적으로 행동함으로써 새로운 비즈니스, 새로운 고객을 지속적으로 창출해 내는 경영의 주체가 되는 조직을 말합니다.

기업가 집단이 중요한 이유는 시대적 배경도 있습니다. 일본 기업의 대부분은 제2차 세계대전 전후에 창업되었으므로 현재 경영자는 2대, 3대가 많고 4대 경영자도 드물지 않습니다. 당시의 창업자는 강력한 카리스마와 타고난 마케터 기질로 사업을 일으키고 회사를 성장시켰습니다. 이에 반해 후계자는 관리형, 즉 현재 있는 것을 지키고 유지하려는 성향이 강합니다. 대부분의 후계자에게는 창업자 같은 타고난 마케터 기질이 없습니다. 그들은 자신의 선입견, 고정관념, 편견을 진보라고 착각합니다. 창업 당시에 만든 히트 상품은 진부해지고 고객도 예전의 그 고객이 아닙니다. 매출은 떨어지고 사업은 쇠퇴기를 맞게 됩니다. 이러한 관리형 리더는 사업을 위기로 몰고 갑니다.

그래서 우리에게는 기업가 집단이 필요합니다. 조직은 기업가 정신을 가진 도전적 인재를 육성해야 합니다. 기업가적 인재가 없으면 조직은 새로운 도전이 주는 자극, 충격, 압박을 받지 않겠지만 성장도 멈추고 맙니다.

① 기업가와 직장인의 차이

나는 회사를 설립할 때 대기업의 사업부장(직장인)과 기업 경영인(기업가) 두 사람에게 상담을 했습니다. 흥미롭게도 그 때 두 사람의 의견은 각자의 위치를 그대로 반영한 것이었습니다. 직장인은 만약 실패하더라도 1년 정도는 지낼 수 있는 저축을 준비한 후 도전하라고 말했고, 기업가는 그렇게 좋은 아이디어를 묵혀두는 것은 아까우니 당장 도전하라고 말했습니다.

두 사람의 충고에서 알 수 있는 것은 기업가와 직장인의 리스크를 대하는 인식의 차이입니다. 기업가는 리스크를 도전과 동일한 의미로 받아들입니다. 도약하기 위한 기회라고 여깁니다. 리스크를 감내하지 않으면 발전도 없다고 생각하기 때문에 매우 도전적입니다. 직장인은 리스크를 가급적 피해야 하는 불편한 것으로 인식합니다. 리스크는 만약 실패할 경우 자신에게 치명적인 위협이 될 것이라는 부담이 더 크기 때문입니다.

② 기업가적 경영진

경영자를 비롯한 임원의 역할은 무엇일까요? 이들을 일반적으로 관리자라고 하는데, 이는 자칫 오해를 부르는 용어입니다.

경영진의 역할은 내부를 관리하는 것이 아닙니다. 내부관리는 성과를 가져다주지 않습니다. 성과는 고객에게 있습니다. 고객을 잊고 내부에 머물러 있는 경영진은 조직에 해를 입힙니다.

경영진의 위치는 고객이 있는 곳입니다. 그곳에서 가장 극적이고 결정적인 기회의 순간을 포착해서 새로운 사업을 끌어내는 것이 경영진의 역할입니다. 기업가적 자세로 다가올 미래를 대비하도록 조직을 일깨워야 합니다.

③ 기업가적 조직

격변의 시대에서는 변화하지 않고 도전하지 않는 것이야말로 가장 큰 리스크입니다. 변화의 시대를 건너는 유일한 방법은 변화의 선봉에 서서 혁신적이고 창의적인 정신으로 변화를 주도하는 것입니다. 이것이 기업가 정신이고 이러한 조직이 기업가적 조직입니다.

④ 기업가적 구성원

조직 구성원이 소극적이고 도전 정신이 없어 고민인 리더가 많습니다.

우리 모두는 입사할 때 새로운 것에 도전하려는 생각으로 가슴이 두근거렸을 것입니다. 그런데 어느새 우리는 반복되는 일상의 패턴에 만족하며 미래를 엿볼 수 있는 짜릿한 모험에는 관심이 없어졌습니다.

상벌제도나 인사평가는 구성원에 대한 회사의 의사표시입니다. 자율성을 높이고 도전하는 기업가적 인재로 육성하려면 평가 기준을 다르게 해봅니다. 어떤 실패를 했는지, 어떤 과오가 있었는지 등으로 인사평가를 하는 것이 아니라 어떤 도전을 했는지에 초점을 맞춥니다. 실패하는 것을 두려워하고 부끄러워하는 문화가 아니라 도전하지 않는 것을 부끄러워하는 문화가 조성되어야 합니다.

리더의 직관력과 통찰력

경영은 미래의 성과를 위해 현재의 자산을 투입하는 행위입니다. 그러나 미래는 불확실한 것입니다. 그러므로 경영활동에서 리스크를 제거하는 것은 불가능합니다. 경영의 본질이 리스크를 동반하는 경제활동이기 때문입니다.

불확실한 미래의 성과를 기대하며 자산을 투입하려는 경영 계획은 논리만으로는 부족합니다. 리더의 직관력과 통찰력이 필요합니다. 이것이 매우 발달한 리더는 그 자체로 리더십을 보여준다고 할 수 있습니다.

맹자는 자신의 사상을 담은 경전 『맹자』에서 "나는 공자를 사숙私淑했다"라고 말합니다. 사숙이란 '존경하는 사람에게 직접 가르침을 받지는 못하나, 그 사람의 도나 학문을 본으로 삼아 배우는 것'을 의미합니다. 뛰어난 리더는 직관력과 통찰력을 갖추고 있습니다. 그러므로 이상적이라고 여기는 리더를 사숙하십시오. 그 사람의 인생관, 철학, 경영 기법, 노하우, 인격 등을 철저히 연구하고 닮아가고자 노력합니다.

그리고 직관력과 통찰력을 기르는 트레이닝을 하십시오. 그것들은 그냥 생기지 않습니다. 타고난 재능이 없다면 노력해서 얻어야 합니다. 자연을 접하든 예술 작품을 감상하든 명상과 독서를 하든 자신만의 방법을 찾아 훈련하십시오. 그 속에서 영감을 얻고 미래를 보는 눈을 얻을 수 있습니다.

직관력도 통찰력도 없는 리더는 스스로 사유하는 능력도 떨어져 단선적이면서 편협한 의사결정을 하게 됩니다. 그러한 의사결정은 조직을 후퇴시키고 구성원을 절망케 합니다.

리더의 질문

피터 드러커의 경영 철학을 압축해 놓은 질문이 있습니다. 그는 경영리더에게 이 질문을 던지고 스스로 답을 찾아가기를 원했습니다.

① 우리의 사업은 무엇인가?
② 만족시켜야 하는 고객은 누구인가?
③ 고객이 가치로 여기는 것은 무엇인가?
④ 사업은 언제 성과를 올렸다고 말할 수 있는가?
⑤ 앞으로 사업은 어떻게 되어야 하나?

리더의 바른 질문은 조직을 바른 행동으로 이끕니다. 바른 행동이란 성과로 이어지는 행동을 말합니다. "보다 나은 서비스를 제공하려면 어떻게 해야 할까요?"라는 질문을 하면 구성원은 서비스 향상에 대해 생각합니다.

반면 잘못된 질문은 질문 받은 사람을 불안하게만 할 뿐 바른 행동으로 연결되지 않습니다. 예를 들어 "불황이 계속되는 상황에서 우리 회사는 어떻게 될까요?"라고 물으면 구성원에게는 회사의 존속에 대한 불안감만이 남을 뿐입니다. 불안감 속에서는 사고력, 행동력이 떨어집니다.

이 경우 질문은 이렇게 합니다.

"예측할 수 없는 경제 상황에서 경쟁사보다 우리가 고객으로부터 우선적으로 선택받으려면 어떤 시책을 생각할 수 있을까요?"

이렇게 질문하면 가치 향상에 관한 아이디어나 차별화에 관한 아이디어가 나오게 됩니다. 사고를 자극하고 창의성을 유발하는 바른 질문은 조직을 이끄는 힘이 있습니다.

천재물리학자 아인슈타인의 말을 인용합니다.

만약 내가 곤란한 상황에 직면했을 때 해결 방법을 생각할 수 있는 시간이 한 시간 있다면 55분은 적절한 질문을 찾는 데 사용할 것이다.

리더가 조직에 던지는 질문에서도 리더십이 느껴져야 능력 있는 리더십이라고 할 수 있습니다.

구성원을 아는 리더십

리더십은 구성원에 대한 영향력, 즉 구성원을 움직이게 하는 힘입니다. 구성원을 움직이게 하려면 구성원을 알고 깊이 이해해야 합니다. 상대를 알수록 상대에 대해 강한 리더십을 발휘할 수 있기 때문입니다.

앞에서 소개한 마쓰시타 고노스케는 사원들과 소통을 잘하는 것으로 유명합니다. 회사생활에 문제는 없는지, 일하는 데 장애요소가 없는지 등의 내용을 묻고 들었다고 합니다. 자신의 리더십에 문제를 느낀다면 구성원과 깊이 있는 대화의 기회를 가지십시오. 구성원에 대해 알고 이해하면 리더십을 인정받게 될 것입니다.

데일 카네기의 명저 『인간관계론How to Win Friends & Influence People』 (1936)에서는 "사람을 움직이고 싶다면 사람에게 성실한 관심을 두라"라고 지적합니다. 사람은 자신에게 관심을 주는 사람에게 호의를 느끼고 관계를 구축하려고 합니다. 조직 구성원이 자사에 머물고 지속적으로 성과를 올리도록 하려면 무엇보다 구성원을 잘 파악하고 있어야 할 것입니다.

포인트

- 경영을 잘하고 싶다면 자신에게 리더십이 있는지부터 확인한다.

- 리더십은 권력이 아니라 능력이다. 권력으로 사람을 이끌면 구성원은 몸만 따라간다. 하지만 능력으로 사람을 이끌면 구성원은 죽음조차 불사한다. 그래서 경영자의 리더십은 경영자에게 중요한 것이 아니라 구성원에게 더욱 중요하다.

- 기업은 리더의 가치관에 따라 움직인다. 가치관이 명확하지 않고 일관되지도 못하면 가치관은 조직의 성격과 행동 양식의 외연에도 확장되기 어렵다. 가치관을 확립하고 이를 일관성 있게 가져가야 한다. 그래야 리더십에 권위가 붙는다.

- 비전 리더십, 도전 리더십, 기업가 정신의 리더십은 맥을 같이 한다. 그러므로 하나를 갖추게 되면 세 가지 리더십 전부를 갖추는 것과 같다.

- 조직에는 기업가 정신이 필요하다. 왜냐하면 기업가 정신을 구현하기 위해서는 혁신, 목표 관리, 시간 관리, 문제 해결 등의 능력이 필요하기 때문이다.

- 자신에게 리더십이 없다고 생각하는 리더는 구성원을 기업가적 리더로 육성해야 한다. 그래야만 기업에 진보의 여지가 있다.

- 경영자와 임원은 관리직이 아니다. 창출직이다. 기회 창출, 시장 창출, 성과 창출, 사업 창출, 고용 창출 등.

- 조직에 변혁을 요구하면서 인사 평가 기준은 옛날 방식이 아닌지 점검한다.

- 리더십을 인정받고자 한다면 직관력과 통찰력을 기른다.

- 바른 질문을 하라. 그냥 주입하는 것보다 훨씬 능동적으로 사유할 수 있도록 해준다. 소크라테스도 질문을 통해 상대방이 스스로 답을 찾도록 했다.

- 무엇보다 구성원에 대해 알아야 한다. 제삼자로부터 듣는 것이 아니라 당사자와 직접 대화해야 한다. 리더와의 대화는 구성원으로 하여금 강한 소속감을 갖게 한다.

사명의
원칙

사명을 위해 일하는 기업 missionary company 을 실현하다

기업은 왜 존재할까요? 이 질문에 대한 답이 사명입니다. 물건을 만들어 팔아 부자가 되겠다는 천민자본주의적 사고를 사명처럼 여기는 기업은 이제 더 이상 없을 것입니다. 오늘날의 기업은 이익 추구를 통해 이해관계자들을 만족시키고, 동시에 사회적 이익에도 기여하겠다는 의식을 갖고 있습니다.

세상을 향한 기업의 사명, 즉 무엇 때문에 자사가 존재하는지 그 의의를 가지고 있어야합니다. 그리고 조직 구성원과 이를 공유해 모두가 공통된 사명을 향하도록 해야 합니다. 사명을 잘 수행하기 위해 열정을 쏟고 화력을 집중할 때 기업은 사회적 의미를 부여받습니다. 경영리더는 자사의 사명을 명확히 정립해야 합니다. 그리고 조직이 사명에 끌려 스스로 행동하도록 독려해야 합니다.

- **목표**
  자사의 존재 의의를 확인하고, 그 사명을 수행하기 위해 매진하는 기업이 된다.
- **목표를 위해 무엇을 해야 하는가?**
  사명을 성문화하고 행동 지침을 마련한다.

사명이 있는 사람

최연소 노벨평화상 수상자 말랄라 유사프자이Malala Yousafzai를 알고
있습니까? 그녀는 중동 여성의 교육 해방 운동에 헌신하는 파키스
탄 여성으로, 유엔에서 중동 여성의 교육에 대한 권리를 호소기도
했습니다. 당시 그녀는 채 스무 살도 되지 않은 소녀였지만 그녀가
보여준 리더십은 유엔의 리더들을 감동시켰습니다. 하지만 이 때문
에 그녀는 이슬람 무장세력으로부터 총격을 당했고, 다행히 기적적
으로 생환해 중동 여성 인권과 교육 해방의 상징적 존재가 되었습
니다. 교육을 받고 싶어도 여자라는 이유로 권리를 박탈당한 그녀
는 여성이 자유롭게 교육받을 수 있는 사회를 꿈꾸었고, 그것이 사
명이 된 것입니다.

자신의 사명을 아는 사람은 사람들을 감동시키고 이끄는 힘이
있습니다. 사명은 에너지를 끌어당깁니다. 사명이 있는 사람은
의도적으로 만들지 않아도 리더십을 발휘합니다.

사명이 있는 사람은 어떠한 시련에도 흔들리지 않습니다. 시련
보다 사명을 더 우선하기 때문입니다. 총격이라는 시련이 그녀를
한층 더 빛나는 리더로 자라나게 한 것과 같습니다.

반면 사명이 없는 사람은 실낱같은 바람에도 마구 흔들립니다.
그에게는 사명이 없으므로 시련을 이겨내야 할 이유가 없기 때문
입니다. 당연히 비즈니스에서도 큰 성과를 낼 수 없습니다.

사명이 있는 기업

앞서 원칙 5에서 언급한 피터 드러커의 다섯 가지 질문을 떠올려 주십시오.

① 우리의 사업은 무엇인가?
② 만족시켜야 하는 고객은 누구인가?
③ 고객이 가치로 여기는 것은 무엇인가?
④ 사업은 언제 성과를 올렸다고 말할 수 있는가?
⑤ 앞으로 사업은 어떻게 되어야 하나?

사업이 궁극적으로 지향하는 것, 그것이 사명입니다.

사명은 측정 가능한 목표가 아니라 기업의 지향점이며 성장과 발전의 방향을 나타내는 것입니다. 그래서 사명은 경영리더의 철학이 반영되고 타 기업과는 다른 자사의 정체성을 말해주는 것입니다. 사명은 경영활동의 영역을 규정하며 모든 경영 전략 수립과 실행의 지침이 됩니다. 사명이 있는 기업은 자사의 지속 가능성과 사회적 공익을 운명공동체로 여기며 생존과 진보의 길을 도모합니다. 사명이 있는 기업은 특히 위기 때에 빛을 더욱 발합니다. 앞서 말랄라 유사프자이의 사례에서도 보았듯이 그녀가 총격을 당하고도 그 일을 멈추지 않는 것은 바로 사명 때문입니다. 사명이 있는 기업은 어떤 악조건이나 환경에도 대응할 수 있는 힘을 부여받습니다. 사명은 조직정신의 중심점이며 조직 행동의 주된 동기이기 때문입니다.

간혹 사명과 비전을 동일한 의미로 사용하는 경우가 있는데, 엄밀히 말해 여기에는 약간의 차이가 있습니다. 비전은 새로운 기회나 시장 조건에 따라 변화할 수 있습니다. 예를 들어 아마존닷컴은 세계에서 가장 큰 온라인 서점이 되겠다는 비전에서 세계에서 가장 큰 온라인 점포가 되겠다는 것으로 비전을 변경했습니다. 비전은 일단 성취되면 더 이상 의미가 없으며 또한 성장을 위한 최적의 행로를 정의할 수 없는 경우 비전을 다시 정의해야 합니다.[1] 반면 사명은 이 같은 조건 변화나 시간의 흐름에 구애받지 않고 기업의 방향성을 가리키는 것으로, 이를테면 아마존닷컴의 경우 "사람들이 온라인에서 원하는 것은 무엇이든 제공하는 기업, 지구상에서 가장 고객을 중요시하는 기업이 되자"[2]는 것이 사명입니다.

사명을 성문화하고 행동 지침 마련하기

사명은 경영자의 철학이나 가치관에 의거해 기업이 나아갈 방향, 추구하는 가치를 가리키는 것입니다. 사명은 조직에 대의를 부여하고 개개의 구성원으로 하여금 자신이 하는 일의 의미를 인식하게 합니다. 사명이 조직에 뿌리를 내리고 경영활동에서 구현되기 위해서는 이를 성문화하고 이에 따른 행동 지침을 마련해야 합니다.

성문화는 형식적인 문장이 아니라 간결하면서 이해하기 쉬운 문장으로 합니다. 행동 지침은 바람직한 사원상, 사풍 등의 내용으로서 구성원을 정신적으로 고무하는 것이어야 합니다. 행동 지침은 모든 구성원이 동일한 생각과 가치를 지향하게 하며 에너지를 집중시켜 줍니다.

경영자의 철학이 투영된 사명과 행동 지침을 바탕으로 구성원의 행동이 일치할 때 기업은 사회적 선을 이루고 대중으로부터 신뢰와 존경을 받게 됩니다.

조건이 아니라 대의로
구성원의 마음을 잡는 것이 중요하다

피터 드러커는 "경영의 미래를 위해서는 우수한 인재를 지속적으로 확보하고 그들로 하여금 조직에 헌신하도록 하는 것이 중요하며 그러기 위해서는 자원봉사단체 같은 정신이 필요하다"라고 말합니다.[3] 자원봉사자는 보수가 없더라도 그 단체의 사명에 끌려 헌신합니다.

나는 그런 사람들을 꽤나 많이 만납니다. 세계적인 IT기업을 그만두고 의료구호단체인 '국경없는의사회'에서 활동하는 친구도 있습니다. 직장에 불만이 있던 것은 아니지만, 딱히 보람을 느끼지도 못하던 차에 이 단체의 이념에 끌려 보다 의미 있는 일을 하고 싶다는 생각에서 들어간 것입니다. 월급도 이전 회사보다 훨씬 적지만 그에게는 돈 보다 중요한 '대의'가 있습니다. 인생을 걸만한 가치가 있는 대의를 이 단체가 제시한 것입니다.

좋은 대우로 사람을 고용할 수 있지만 그렇게 고용된 사람은 더 좋은 조건이 나타나면 떠납니다. 그러나 자신이 하는 일에 사명감을 가지게 된다면 경제적 대가가 없어도 헌신하게 됩니다. 사람은 의미 있는 일, 가치 있는 일을 하고 싶어 하며, 그래서 대의를 필요로 합니다.

'회사가 조직에게 부여하는 대의는 무엇인가?' 리더는 여기에 대한 답을 생각해야 합니다.

역사상 위대한 리더들은 조직 구성원과 대의를 공유함으로써 위업을 이루었습니다. 사람은 돈을 위해서가 아니라 대의를 위해서 일할 때 가장 열심히 헌신하게 됩니다. 인생에, 일하는 것에 자부심을 느끼게 하기 때문입니다.

우리 회사에서 일하는 것이 자랑스럽고 자부심을 느끼게 하는지 자문해 보십시오.

사명은 도전의 역사

"나에게는 꿈이 있습니다. 나의 네 자식들이 피부색이 아니라 인격에 따라 평가받는 나라에서 살게 되는 날이 언젠가 오리라는 꿈입니다." 마틴 루터 킹 목사의 유명한 연설의 일부입니다. 그는 이 꿈을 사명으로 여기고 평생을 흑인 인권을 위해 헌신했습니다. 그의 인생은 인종차별 철폐를 향한 끝없는 도전이었습니다.

사명은 도전하게 합니다. 사명은 조직에 영감을 주고 구성원이 가지는 힘을 폭발시켜 위대한 일을 할 수 있게 합니다. 시대적 환경과 상식적 견해를 뚫고 기업의 도리를 다하고자 노력하게 합니다.

사명은 인간과 사회를 향한 기업의 사상과 감정을 표현한 것입니다. 그러므로 기업이 사명 완수를 위해 도전할 때 구성원은 고무되고 조직은 결속의 문화를 만들어내고 사회는 내일을 계획하게 됩니다.

사명을 향한 도전의 역사를 쓰십시오. 거기에 기업의 존재가 있고 사회의 미래가 있고 인류의 희망이 있습니다.

포인트

- 우리 회사는 왜 존재하는가? 단순히 이윤 추구라고 답한다면 수준이 매우 낮다.

- 기업 사명은 경영자의 가치관이며 기업의 정체성이다. 그러므로 경영자는 가치관의 일관성을 유지해야 한다.

- 사명은 이상적인 기업상이고, 행동 지침은 이상적인 사원상이다.

- 자신이 하는 일이 의미 있고 가치 있다고 여기는 구성원은 처우 조건과 상관없이 조직에 헌신한다. 그 의미와 가치는 공익을 추구하는 기업 사명으로부터 생성된다.

- 사명이 있는 기업은 모든 도전이 빛을 발하고 의미를 부여받는다. 설령 그 도전이 실패로 끝났다 할지라도.

원칙 7

사람 중심의 경영 원칙

매니지먼트 기업^{management company}을 실현하다

"경영은 사람과 관련된 일이다."[1] 피터 드러커의 말입니다. 나는 이를 '기업의 기본적인 경영원리는 사람 중심이어야 하며 리더는 사람에 대해 책임을 져야 한다'는 의미로 해석합니다. 드러커가 제시한 '매니지먼트'라는 용어에는 사람에 대한, 사회공동체의 행복에 대한 열망이 담겨 있습니다. 경영리더는 모든 경영활동의 목적을 사람에 두고 행복한 사회를 지향하는 매니지먼트 기업을 실현해야 합니다.

- **목표**
  사람 중심의 기업, 행복한 사회를 실현하는 데 기여하는 기업이 된다.
- **목표를 위해 무엇을 해야 하는가?:**
  구성원을 존중하고 각자의 능력을 살리는 조직, 성과를 창출하는 조직으로 만든다.
- **실행**
  ① 매니지먼트의 본질을 이해한다.
  ② 구성원의 강점을 결집시켜 탁월한 조직을 만든다.
  ③ 매니지먼트 리더의 역할을 수행한다.
- **실행 도구**
  ① 인재육성표
  ② 구성원의 강점 발견
  ③ 사람 중심의 기업 5대 원칙 체크리스트

매니지먼트

지금까지 여섯 가지 원칙을 살펴보았는데, 사실 이 원칙들은 전부 원칙 7을 위해 존재합니다.

기업은 결국 사람을 위해 존재합니다. 성과를 내고 높은 이익을 창출하려는 궁극의 목적은 조직 구성원과 사회를 풍요롭게 하기 위함입니다. 모두가 행복해지기 위함입니다.

경제제일주의를 내세우며 사람을 경제의 희생물로 여기는 시대는 끝났습니다. 이제 경영이 사람의 행복을 실현하는 도구가 되었습니다. 피터 드러커는 이러한 경영을 '매니지먼트management' 라는 용어로 표현했습니다.

매니지먼트는 이제 우리에게 매우 익숙한 용어가 되었고 그 의미도 단순히 '경영관리'라는 피상적 해석에 머물러 있지만 여기에는 드러커의 사람에 대한 인간다운 열망이 내포되어 있습니다. 경영리더는 드러커의 매니지먼트를 이해해야 합니다. 사람이 중심에 있는 경영, 그 존엄성을 지키는 경영, 행복한 사회를 실현하는 경영. 이것이 매니지먼트의 본질입니다.

그리고 이 본질을 지키는 것이 사람 중심의 기업입니다.

조직의 본질

조직은 구성원이 가지고 있는 강점을 살리고 약점을 상호보완하면서 구성원의 성장을 실현하는 데 목적이 있습니다. 그래야 조직에 속해 일하는 의미가 있습니다.

조직이 성과를 내기 위해서는 구성원의 강점에 집중해야 합니다. 약점을 개선하기보다 강점을 강화하면 훨씬 더 유용하고 효과적입니다. 엄혹한 비즈니스 세계에서 성과를 기대할 수 있는 것은 구성원의 강점을 결집해 탁월하게 일을 수행할 때입니다.

구성원의 강점을 살린다는 것은 인재의 적재적소 등용을 말합니다. 개개의 능력과 자질을 존중하고 모두를 동일한 모습으로 교정하지 않는 것입니다. 모두의 평범한 에너지가 아닌 각 구성원이 가지는 독자적인 에너지를 극대화해 유능한 인재로 만드는 것입니다.

강점을 살리기 위해서는 개개의 구성원이 가지고 있는 강점을 알아야 합니다. 그 강점을 파악하고 장애요소가 있다면 제거해 조직 안에서 충분히 자신의 강점을 살릴 수 있도록 해야 합니다. 구성원의 강점을 강화하고 발휘하도록 하는 것이 사람 중심의 경영입니다. 그리고 그 중심에는 '존중'이 있어야 합니다.

사람 중심의 경영은 조직 구성원을 인격체로 존중하는 경영입니다. 모든 구성원은 소중하며 의미 없는 구성원은 없습니다. 각자에게는 각자의 재능이 있습니다. 가능한 사람과 불가능한 사람이 있는 것이 아니라 가능한 것이 사람마다 다른 것입니다.

약점의 극복이 아니라 강점을 더 강화한다

약점은 아무리 개선해도 평균 정도밖에 안됩니다. 평균으로는 시장에서 선택받지 못합니다. 성과는 강점에서 창출됩니다. 성과를 올리기 위해서는 구성원의 강점을 살리고 활용하는 것이 훨씬 효과적입니다.

나는 피터 드러커의 경영론을 토대로 경영 컨설팅을 합니다. 그것이 나의 강점이며 높은 성과를 내는 영역입니다. 물론 잘 모르는 분야도 있습니다. 이를테면 재무 분석에 관한 컨설팅입니다.

나는 숫자가 약점입니다. 가게에서 물건을 살 때도 그렇고, 모임에서 식사비를 배분할 때도 언제나 정확히 계산을 못합니다. 그런 내가 아무리 숫자 분석력을 강화해서 재무 컨설턴트가 된다 해도 평균 정도의 실력이 한계며, 많은 기업에서 높은 평가를 받는 재무 컨설턴트가 되기는 어렵습니다. 그래서 나는 "약점을 극복하는 데 시간을 들이기보다 강점을 더 강화해 탁월해져라"라는 피터 드러커의 말[2]을 따르기로 했습니다.

하지만 현실의 조직에서는 반대의 경우가 많습니다. 많은 리더가 약점에 초점을 맞춰 그것을 극복하는 데 에너지를 쏟곤 합니다. 피터 드러커는 "구성원의 약점을 보는 자는 리더의 자격이 없다"라고 냉정하게 말합니다.[3] 리더가 아무리 약점을 극복하도록 부추겨도 구성원에게는 그것이 부담만 될 뿐 성과로 이어지지는 않습니다.

누구에게나 강점과 약점이 있습니다. 그렇기 때문에 조직이 필요합니다. 구성원의 강점은 살리고 약점은 상호 보완해 나가면 성과를 낼 수 있습니다.

자사가 잘하지 못하는 분야는 아무리 열심히 해도 시장에서는 평균입니다. 우리는 다른 회사에 일을 맡길 때 그 회사가 해당 분야에서 가장 뛰어난 업체이길 바랍니다. 고객은 항상 해당 카테고리의 1등 제품을 구입하기 원합니다. 평균 정도의 수준은 선택하기에 어떠한 매력도 없습니다.

잘하지 못하는 분야에서 열심히 노력해 평범한 존재가 되기보다 잘 하는 분야에서 강점을 연마해 탁월한 존재가 되는 것을 선택하십시오. 비즈니스는 항상 탁월함을 추구해야 합니다. 그를 위해서는 철저히 강점에 집중하도록 의식을 바꾸지 않으면 안 됩니다.

면담과 경청

리더의 책임은 조직의 성과를 높이고 구성원을 살리는 것입니다. 구성원을 살린다는 것은 구성원의 강점을 발견하고 성장할 수 있도록 해주는 것입니다. 조직은 구성원의 강점을 결집시켜 성과 창출의 에너지로 만들어야 합니다.

에너지가 분산되는 이유는 경영자와 구성원, 상사와 부하 간에 기대하는 방향이 다르기 때문입니다. 이 방향의 차이는 조직의 힘을 약화시킵니다.

각 구성원의 강점을 하나의 에너지로 결집시키는 방법으로 목표 관리 면담이 있습니다. 이 면담은 상사와 개별 부하 직원 간에 이루어지며 다음과 같은 순서로 진행합니다.

① 상사가 부하 직원에게 기대하고 있는 일을 전달한다.
② 부하 직원이 상사에게 기대하고 있는 것을 전달한다.
③ 상사는 부하 직원에게 자신의 강점을 발휘하고 성과를 내는 데 장애가 되는 것이 무엇인지 묻는다.

목표 관리 면담의 가장 큰 목적은 상대가 무엇을 기대하는지를 파악하고 그 기대의 방향성을 한 곳으로 모아 에너지를 집중시키는 데 있습니다.

목표 관리 면담 외에 조직의 에너지를 집중시키는 방법으로 마쓰시타 고노스케는 '경청'을 권합니다. 마쓰시타 고노스케 만큼 사원들의 의견에 귀를 기울이는 경영자는 없을 것입니다. 마쓰시타는 그의 저서에서 "부하 직원의 말은 스승의 말이라고 여겨야 한다"라고 말합니다.[4] 그는 조직 구성원의 지혜를 모으는 것이야말로 경영이라고 주장하며 이른바 '집단지성 경영'을 실천한 경영인입니다.

마쓰시타는 어려운 살림 형편 때문에 초등학교만 겨우 졸업했습니다. 그래서인지 언제나 사람들로부터 배우려는 마음이 남달랐다고 합니다. 그는 자신이 말하는 것보다 상대의 이야기를 듣고 이해하는 것이 신뢰를 얻는 비결이라는 것을 본능적으로 알고 있었고, 이를 구성원을 결집하는 데 활용했습니다.

사실 목표 관리 면담과 마쓰시타가 말하는 경청은 같은 말입니다. 구성원의 강점을 어떻게 하면 조직의 에너지로 사용할 것인지를 구성원과 함께 이야기하고 일치점을 찾으라는 것입니다.

조직은 방향이 하나가 되어야 성과를 기대할 수 있습니다. 리더는 다른 무엇보다도 방향성을 맞추는 것에 힘을 쏟아야 할 것입니다.

인재육성표

기업에서 가장 중요한 자산은 사람입니다. 리더는 조직 구성원을 기업과 사회의 주체적 존재로 성장시켜야 할 책임이 있습니다. 조직의 힘은 구성원의 성장에서 나오기 때문입니다.

모든 구성원은 상호협력과 경쟁을 통해 성장하고, 학습과 경험을 쌓고, 한계를 뛰어넘는 도전 정신을 가진 인재로 육성되어야 합니다. 이것이 역량 있는 조직으로 변신하는 길입니다. 여기 인재육성의 세 가지 포인트를 제시합니다.

① 강점: 개개의 구성원이 갖고 있는 독자적인 강점을 성과 창출에 활용한다. 조직의 역할은 구성원의 강점을 살려내는 것이다.

② 성장: 기업의 가치는 일하는 구성원에 의해 창출된다. 구성원이 성장하지 않으면 기업 가치는 낮은 수준에 머물게 된다.

③ 학습: 구성원의 성장은 학습이 뒷받침되지 않으면 안 된다. 자기 개발과 평생학습을 조직 문화로 정착시켜 지식 습득에 대한 동기를 부여한다.

이 세 가지 포인트를 중심으로 인재육성을 계획하십시오. 계획은 〈도표 7-1〉과 같은 내용에 따라 구성합니다. 그 내용은 다음과 같습니다.

① 개인의 강점을 발휘할 수 있게 업무 배치를 한다.
② 강점을 강화하기 위해 학습을 지원한다.
③ 구성원 간의 관계성을 파악해 약점을 상호 보완한다.

도표 7-1
인재육성표

구성원	강점	강점을 살릴 수 있는 배치	강점을 강화하고 지속 학습을 위한 방법	약점을 보완할 구성원 간의 관계성
A	외국어 능통	해외 영업	현지 사정을 잘 파악하고 관련 업계와 네트워크 구축을 지원	외국어에 능통하지 않으나 현지사정에 밝은 사원과 팀 구성
B	전산회계 2급 자격증 소지	회계	전산회계1급 자격시험 지원	인사/총무를 배울 수 있는 팀 배치
C	기획력, 아이디어가 좋음	마케팅	마케팅 교육, 시장조사 지원	영업부서와 긴밀한 커뮤니케이션을 통해 현장에서 필요한 마케팅활동 지원

구성원이 하는 일에 가치를 부여하고 자부심을 갖게 한다

테세이TESSEI(동일본여객철도그룹 산하의 청소회사)라고 하는 청소회사가 있습니다. 이 회사는 신칸센(일본의 고속철도)의 객실 청소를 전문으로 하는데, 직원들의 높은 프로의식과 일에 대한 자부심이 강해 많은 미디어에 소개된 유명한 회사입니다.

청소 일이라면 나도 학생 때 경험해 보았는데, 대부분은 혼잡

하지 않은 시간대에 눈에 띄지 않게 작업을 하므로 누군가로부터 칭찬을 받거나 자부심을 느낄만한 일은 아닙니다.

그러나 테세이 직원들은 다릅니다. 화려한 무늬의 하와이안 셔츠를 입고 꽃 장식을 한 베레모를 쓰고서 누구를 만나든 큰 소리로 인사하고 활기차게 일합니다. 이는 테세이 경영진이 "우리 회사의 일은 단순한 청소가 아니다. 기차를 타고 출장가거나 여행하는 사람들이 즐겁고 설레는 마음으로 출발하도록 배웅하는 가치 있는 일이다"라며 청소일에 대한 가치를 부여했기 때문입니다.

사람은 대의멸친大義滅親할 수 있는 존재입니다. 자신의 일이 의미 있고 가치 있는 일이라 생각되면 무섭게 몰입합니다. 리더는 구성원으로 하여금 고객과 사회에 공헌하고 성과 창출에 기여하는 가치 있는 일을 하고 있다고 인식하도록 해야 합니다. 이러한 가치부여는 자부심을 갖게 합니다. 가치도 느끼지 못하고 자부심이 없는 조직은 동원된 용병집단에 불과합니다. 그런 조직은 자율성이 없고 통제와 간섭으로 지배합니다. 당연히 조직의 진보는 이룰 수 없습니다.

리더만이 가치를 부여할 수 있습니다. 일에 대한 숭고한 가치가 일상 업무는 물론 정신까지 지배할 수 있도록 하십시오.

우리 회사는 사람 중심의 기업인가?

매니지먼트 기업의 궁극적 목적은 구성원을 살리고 행복한 조직·사회를 실현하는 것입니다. 이는 조직 구성원들을 인격적으로 존중하고 그들의 지식과 아이디어를 경영에 적극적으로 활용하는 사람 중심의 경영을 통해 가능합니다.

우리 회사는 사람이 중심이며 구성원의 행복을 지향하고 있습니까?

자사가 사람 중심의 경영을 하고 있는지 확인하는 다섯 가지 체크리스트를 제시합니다. 경영리더는 이 체크리스트를 통해 매니지먼트 기업으로 진화하기 위한 시책을 재확인하기 바랍니다.

① 구성원은 인격적으로 존중받고 있는가?
② 구성원의 강점을 파악하고 있으며, 그 강점을 살리고 있는가?
③ 구성원이 회사에 기여하고 있는 것을 알고 있는가?
④ 구성원이 성장하기 위해 필요한 교육이나 지원 시스템이 있는가?
⑤ 구성원의 에너지를 결집시키는 비전이 조직에 각인되어 있는가?

도표 7-2

사람 중심의 기업을 확인하는 다섯 가지 체크리스트

	평가	과제	향후 개선책
① 구성원은 인격 적으로 존중받 고 있는가?			
② 구성원의 강점 을 파악하고 있 으며, 그 강점을 살리고 있는가?			
③ 구성원이 회사 에 기여하고 있 는 것을 알고 있 는가?			
④ 구성원이 성장 하기 위해 필요 한 교육이나 지 원시스템이 있 는가?			
⑤ 구성원의 에너 지를 결집시키 는 비전이 조직 에 각인되어 있 는가?			

매니지먼트 팀의 구성

지금까지 제시한 일곱 가지 원칙을 제대로 실행하고자 한다면 매니지먼트 팀을 구성하는 것이 좋습니다. 한사람이 모든 것을 수행하고 관리하는 것은 불가능합니다. 소수의 인원이라도 좋으니 팀을 구성하십시오.

매니지먼트 팀은 기본적으로 조직과 동료의 성장에 공헌하려는 의지가 있어야 하며, 업무 분담은 팀원 각자의 강점을 살리고 리더십을 발휘할 수 있도록 배치합니다.

매니지먼트 팀은 크게 다음 세 가지 업무를 수행합니다.

① 사명·비전의 실현

매니지먼트 팀은 자사의 사명·비전을 수행하는 집단으로서, 이를 먼저 잘 이해한 다음 전체 구성원이 이를 인식하고 실현할 수 있도록 관리합니다.

② 경영 전략 입안과 경영 계획 실행

사업의 내부·외부 환경 분석부터 전략 입안까지의 과정을 이해하고 이를 실행 계획에 반영하고 PDCA 사이클을 착실히 실현합니다.

③ 재무 파악

경영숫자와 관련한 지식을 이해하고 파악합니다. 재무3표(대차
대조표, 손익계산서, 현금흐름표)를 직접 작성하지는 못해도 자사의
재무상황을 분석하고 장래의 투자 판단이나 이익 계획 등의 재무
전략을 세울 수 있을 정도의 이해는 필요합니다.

매니지먼트 팀은 경험이나 감 등에 의지하는 것이 아니라 이
책에서 제시한 일곱 가지 원칙을 '경영의 기본 원리'로 이해하고,
이를 조직에 적용하고 개선해서 자사만의 경영 체계를 세우도록
합니다.

포인트

- 기업은 결국 사람이 경영하고, 사람을 위해서 경영한다. 리더가 끝까지 지켜야 할 것은 사람이다. 그런데 위기 때에 제일 먼저 버려지는 것이 사람이다. 마치 습관이 된 듯하다.

- 인재를 육성하는 것도 중요하지만, 뺏기지 않게 지키는 것도 중요하다. 앞으로는 인재확보 싸움이 될 것이니.

- 사람 중심의 경영은 구성원으로 하여금 왜 이 회사에 있는지에 대한 어떤 이유를 갖게 한다. 그것은 보람, 행복, 숭고한 사명, 리더의 철학, 리더십, 인간적 존중, 자부심 등이다. 만약 구성원이 돈 때문이라고 말한다면 그것은 경영자의 잘못이다. 무능력하게 조직을 운영하고 있다는 증거다. 이러한 경영자는 구성원을 성과를 위한 도구로만 여기고 있으며 자신의 일신상의 안위만 생각할 뿐이다. 그 속내를 아무리 숨겨도 구성원은 안다. 능력 있는 경영자는 그 속내를 숨기려 하기보다 다른 것으로 덮는다. 보람, 행복, 숭고한 사명, 리더의 철학, 리더십, 인간적 존중, 자부심 같은 것으로.

- 리더의 대화법은 말은 반으로 줄이고 듣기는 두 배로 늘리는 것이다. 그런데 우리는 직급이 낮은 구성원에게 이 대화법을 요구한다. 경직된 조직의 전형적 형태다.

- 구성원으로 하여금 하고 있는 일에 대해 자긍심을 갖도록 대의를 부여하는 것은 좋은 방법이다. 그러나 대의는 그만한 값을 주지 않으면 단순한 세뇌에 불과하다.

- 피터 드러커가 말하는 매니지먼트란 사람을 경영하는 것이다. 변화를 일으키는 에너지는 사람이다. 사람이 중심에 있지 않는 기업은 변화의 에너지가 소멸된다. 변화의 에너지가 소멸되면 기업은 영원히 제자리에 있거나 종말을 맞게 된다. 사람 중심의 경영의 의의가 여기 있다.

마치며

피터 드러커는 두 번의 세계대전을 거치면서 어떻게 하면 인류가 두 번 다시 전쟁을 하지 않고 행복하게 살며 평화로운 세상을 이룰 수 있을까에 대해 깊게 생각했습니다. 그리고 그의 결론은 '매니지먼트', 즉 '사람 중심의 경영'이었습니다. 영리를 추구하는 기업이지만, 기업은 사회공동체의 일원으로서 사회의 행복과 평화에 기여할 수 있어야 한다는 것이 그의 주장입니다.

지금까지 피터 드러커가 가르쳐주는 사람 중심의 경영 7원칙에 대해 살펴보았습니다. 그런데 드러커의 원칙은 여기서 끝이 아닙니다. 마지막 원칙이 하나 더 있습니다. 바로 '실행'입니다.

앞에서도 여러 번 말했듯이 정보나 지식은 아는 것만으로는 아무 영향력도 가지지 못합니다. 지금 우리는 정보의 홍수 속에 살고 있지만, 다량의 정보로 인해 삶의 질이 예전에 비해 더 나아졌다고는 말할 수 없습니다.

실행만이 구성원을 바꾸고 조직을 바꾸고 사회를 바꾸고 세상을 바꿉니다.

피터 드러커는 경영리더에게 두 가지의 책임을 요구합니다. 하나는 사람에 대한 책임이고, 또 하나는 성과에 대한 책임입니다. 조직 구성원을 부속물로 여기는 것이 아니라 인격적으로 존중하고 강점을 극대화할 때에 더 높은 수준의 성과를 달성할 수 있다는 것입니다. 그것은 사람 중심의 경영을 실천할 때만 가능합니다.

사람 중심의 경영은 사람을 살리는 경영입니다. 구성원의 능력을 살리고 열정을 살리고 자부심과 사명의식을 살립니다. 구성원이 살아나는 조직은 상호 소통하고 이해하고 생산 능력을 향상시킵니다. 구성원이 살아나는 조직은 경영자가 선포한 비전에 공감하고 그것을 이루기 위해 도전하고 스스로 학습하며 성장해 나갑니다.

사람 중심의 경영은 경영자의 리더십을 강화하고 조직 구성원과 하나 되어 성과라는 열매를 거둘 수 있게 해줍니다. 이로써 기업은 존재의의를 정당화하며 사회적 가치를 부여받습니다.

지금 우리는 물적 지배·소유의 시대가 끝나가고 있는 것을 봅니다. 세상은 공포가 아니라 평화, 뺏는 것이 아니라 공유로 나아가고 있습니다. 이제 기업은 포용과 인류애를 기본으로 하는 사람 중심의 경영철학을 갖고 사람과 사회를 행복하게 하는 것을 사명으로 여겨야 할 것입니다.

피터 드러커가 그토록 열망했던 인간의 존엄과 평화롭고 행복한 세상은 비단 피터 드러커만의 소망은 아닐 것입니다. 전쟁이 없는 자유롭고 평화로운 세상을 실현하기 위해 경영이 어떻게 기여할 수 있는지 이 책을 통해 다시 한 번 고찰해 보는 계기가 된다면 저자로서 그보다 보람된 일은 없을 것입니다.

각 장의 주

서문

1   『P.F.ドラッカー―理想企業を求めて』 エリザベス・ハース・イーダスハイ
    ム&上田惇生, ダイヤモンド社, 2007

원칙 1

1   『マネジメント[エッセンシャル版]』ピーター・F・ドラッカー, (編譯)上田惇
    生, ダイヤモンド社, 2013

2   『マネジメント[エッセンシャル版]』ピーター・F・ドラッカー, (編譯)上田惇
    生, ダイヤモンド社, 2013

3   『マネジメント[エッセンシャル版]』ピーター・F・ドラッカー, (編譯)上田惇
    生, ダイヤモンド社, 2013

4   『創造する経営者』ピーター・F・ドラッカー, (譯)上田惇生, ダイヤモンド
    社, 2011 /『経営者に贈る5つの質問』ピーター・F・ドラッカー, (譯)上田惇
    生, ダイヤモンド社, 2009

5   공식명칭은 에자키글리코(江崎グリコ)주식회사. 1919년 오사카를 본거지로
    창업. 초콜릿, 과자, 껌, 아이스크림 등의 제과사업과 레토르트 식품, 카레류
    를 생산 판매하는 식품사업을 주요 사업으로 하고 있다.

6   1894~1989. 현재의 파나소닉 그룹의 전신인 마쓰시타 전기기구제작소의 창
    업자로, 경영철학자이자 경영의 신이라고 불린다.

원칙 2

1   『イノベーションと企業家精神』 ピーター・F・ドラッカー, (譯)上田惇生,
    ダイヤモンド社, 2011

2   『イノベーションと企業家精神』 ピーター・F・ドラッカー, (譯)上田惇生,
    ダイヤモンド社, 2011

3   『イノベーションと企業家精神』 ピーター・F・ドラッカー, (譯)上田惇生,

ダイヤモンド社, 2011
4 『変革の哲学』ピーター・F・ドラッカー, (編譯)上田 惇生, ダイヤモンド社,
2003

원칙 3

1 『経営者の条件』ピーター・F・ドラッカー, (譯)上田 惇生, ダイヤモンド社,
2013 이 책을 참고로 저자가 작성.
2 『経営者の条件』ピーター・F・ドラッカー, (譯)上田 惇生, ダイヤモンド社,
2013.
3 『明日を支配するもの』ピーター・F・ドラッカー, (譯)上田 惇生, ダイヤモ
ンド社, 1999;『仕事の哲学』ピーター・F・ドラッカー, (編譯)上田 惇生, ダ
イヤモンド社, 2003.
4 『ドラッカー名言集13 マネジメント』ピーター・F・ドラッカー, (譯)上田 惇
生, ダイヤモンド社. 2010 .
5 『現代の経営(上)』ピーター・F・ドラッカー, (譯)上田 惇生, ダイヤモンド
社. 2006.

원칙 4

1 『P.F.ドラッカー─理想企業を求めて』　エリザベス・ハース・イーダスハイ
ム & 上田 惇生, ダイヤモンド社, 2007.
2 『P.F.ドラッカー─理想企業を求めて』　エリザベス・ハース・イーダスハイ
ム & 上田 惇生, ダイヤモンド社, 2007.

원칙 5

1 『マネジメント[エッセンシャル版]』ピーター・F・ドラッカー, (編譯)上田 惇
生, ダイヤモンド社, 2013.
2 『松下幸之助 成功の金言365』松下 幸之助, PHP研究所, 2011.
3 『ドラッカー先生のリーダーシップ論』ウィリアム A コーン, (譯)橋本 碩也,
武田ランダムハウスジャパン, 2010.
4 『プロフェッショナルの条件』ピーター・F・ドラッカー, (譯)上田 惇生, ダ
イヤモンド社, 2009.

원칙 6

1 [옮긴이] 『마케팅관리론』 필립코틀러 & 케빈 레인 켈러, 2006년.
2 [옮긴이] 『원 클릭』 리처드 L. 브랜트, 2012년.

3   『明日を支配するもの』ピーター・F・ドラッカー, (譯)上田 惇生, ダイヤモンド社, 1999.

원칙 7

1   『ドラッカー 365の金言』ピーター・F・ドラッカー, (譯)上田 惇生, ダイヤモンド社, 2011.
2   『経営者の条件』ピーター・F・ドラッカー, (譯)上田 惇生, ダイヤモンド社, 2013.
3   『マネジメント[エッセンシャル版]』ピーター・F・ドラッカー, (編譯)上田 惇生, ダイヤモンド社, 2013.
4   『人を活かす12の鉄則』松下 幸之助, PHP研究所, 2009.

지은이

무라세 코스케(村瀬弘介)
일본 리더십 오브 매니지먼트 주식회사 대표, 일본 드러커 경영연구회 주재, 피터 드러커의 경영론을 현대 경영에 적용하여 기업의 실적향상을 도와주는 경영 컨설턴트이다. 히토츠바시대학교(一橋大學) 법학부 졸업, 대기업 입사 후 교육연수부문을 담당했다. 일본경영이념 연구소에서 동양철학, 인문학을 경영에 접목한 세미나를 주로 진행했고, 이후 피터 드러커 전문 컨설턴트로서 독립, 지금의 컨설팅 회사를 설립했다. 인사·조직·전략·마케팅·혁신 등 기업경영의 다양한 부문에서 컨설팅을 하면서 피터 드러커의 경영철학을 전파하고 있다. 또한 프로 재즈피아니스트로서 20년 넘게 활동하고 있다.

옮긴이

(주)애드리치 마케팅전략연구소

시장과 소비자에 대한 철저한 분석과 다양한 사례 연구를 통해 기업이 당면한 과제에 대한 마케팅 솔루션을 제공하고 있다. 특히 미국, 일본 시장의 전문가를 중심으로 실전 경험이 풍부한 우수한 플래너들이 국내뿐만 아니라 글로벌 마케팅 전략과 방법론을 제시한다. 급변하는 시장 환경에 맞춰 유연성을 가진 마케팅 실행 시스템을 개발하고 있으며, 소비자와 사회 트렌드를 지속적으로 주시하면서 성향 분석과 잠재 니즈 개발에 힘쓰고 있다.

피터 드러커가 가르쳐주는 사람 중심의 경영 7원칙

지은이 **무라세 코스케** ┃ 옮긴이 **(주)애드리치 마케팅전략연구소**
펴낸이 **김종수** ┃ 펴낸곳 **한울엠플러스(주)**
편집책임 **조수임** ┃ 편집 **임혜정**

초판 1쇄 인쇄 **2020년 10월 23일** ┃ 초판 1쇄 발행 **2020년 10월 30일**

주소 **10881 경기도 파주시 광인사길 153 한울시소빌딩 3층**
전화 **031-955-0655** ┃ 팩스 **031-655-0656** ┃ 홈페이지 **www.hanulbooks.kr**
등록번호 **2015-406-000143호**

Printed in Korea.
ISBN **978-89-460-6973-2 03320**(양장)
    978-89-460-6974-9 03320(무선)

소비자의 행동을 디자인하는 마케팅
이렇게 하면 소비자가 움직인다

- 하쿠호도 행동디자인연구소·구니타 게이사쿠 지음
- (주)애드리치 마케팅전략연구소 옮김
- 2019년 10월 30일 발행 ㅣ 국판 ㅣ 264면

행동디자인으로 미래를 발명하다!
인간의 행동 메커니즘과 각종 사례 분석에서 추출한'소비자를 움직이게 하는' 6단계 18가지 마케팅 기술!

일반적으로 제품 마케팅은 모든 것을 제품의 문제로 여기고 제품에서 답을 찾으려고 한다. 그러나 오늘날 많은 문제는 제품 외부에 있다. 품질에 심혈을 기울여 최선을 다해 만든 제품을 소비자는 '차이를 잘 모르겠다', '아직은 구매할 때가 아니다' 등 '제품 외부'의 이유로 구매하지 않은 것이다. 소비자는 좀처럼 마음대로 행동해 주지 않는다.

이 책은 마케팅의 출발을 제품이 아닌 제품 밖에서, 즉 소비자의 '행동'에서 출발하라고 역설한다. 제품에서 생각하면 나오지 않는 답이 행동에서 생각하면 보인다. 사람과 제품은 행동을 매개로 연결되어 있다. 이 책은 6단계의 행동디자인 설계법과 18가지의 마케팅 기술을 제시하면서 발상 전환을 통한 미래지향적 마케팅을 제시하고 있다.

한울엠플러스의 책

중장년 싱글세대의 소비 트렌드
인구감소사회의 소비와 행동

* 미우라 아츠시 지음
* (주)애드리치 마케팅전략연구소 옮김
* 2018년 10월 30일 발행 ┃ 국판 ┃ 176면

1인 가구의 증가, 그 현상의 이면을 들여다보라
인구구조 변화에 따른 세대별 특징과 소비 주체의 흐름을 읽어내다

한국보다 일찍 인구구조 변화를 겪은 일본에서는 인구가 적고 경기 호황을 경험해보지 못해 소극적 소비에만 치중한 젊은 세대에서, 인구가 많고 거품경제 시대를 거치면서 풍요로운 소비 생활을 경험한 중년 이상의 세대로 소비 주체가 이동하고 있다. 특히 늘어나는 싱글 중장년층을 타깃으로 마케팅 관점을 바꾸는 기업들이 많아지고 있다. 이는 한국사회의 가까운 미래상이기도 하다. 향후 중장년 싱글시대를 맞게 될 한국의 기업들은 지금까지와는 다른 마케팅 구도를 그려나가야 한다. 그러기 위해서는 지금까지 해왔던 시니어 마케팅 같은 지엽적 마케팅이 아니라 거시적 관점에서 중장년 싱글세대를 트렌드를 주도하는 소비시장의 주역으로 보고, 그 세대의 특징과 소비 패턴을 잘 파악하고 있어야 할 것이다.

그런 의미에서 이 책은 좋은 참고서가 될 것이다. 비록 일본 싱글세대의 소비 특징이기는 하나 한국과 일본은 비슷한 문화권이기에 이 책이 조망하고 있는 내용이 독자들에게 이질적이지는 않을 것이다. 이 책을 통해 향후 소비 트렌드와 시장을 전망하고 흐름을 읽어 변화하는 시대에 대비할 수 있기를 바란다.

한울엠플러스의 책

광고의 변화
8가지 성공 사례로 배우는 효과적인 광고 만들기

- 사토 다쓰로 지음
- (주)애드리치 마케팅전략연구소 옮김
- 2017년 10월 30일 발행 | 신국판 | 192면

오래된 상식은 광고를 속박한다.
새로운 상식은 광고를 자유롭게 한다.

이 책의 저자는 최근 10여 년에 걸쳐 실무자이자 연구자의 입장에서 광고커뮤니케이션의 변화를 몸소 체험해온 인물로, 업계 2, 3위의 광고회사에서 카피라이터와 크리에이티브 디렉터로 오랫동안 일해왔고 현장을 매우 잘 알고 있다. 국제광고상 심사위원을 여러 번 맡은 덕분에 세계 최첨단 광고 사례를 많이 접했고, 이에 대해 독자적 분석을 가미하여 일본광고학회를 중심으로 논문 발표를 해왔다. 이처럼 광고업계에서 잔뼈가 굵은 저자는 독자들이 알기 쉽도록 광고계의 변화를 전달하는 책을 썼다. 최근 10년간 광고계에서 일어난 주요 변화를 망라했으며, 새로운 상식으로 국제광고제에서 크게 주목받은 사례도 여럿 소개했다. 또한 가공의 광고 회의 모습을 묘사하고, 회의 때 맞닥뜨릴 수 있는 문제를 구체적으로 해결해나가는 과정을 제시했다.

저자는 이 책이 '앞으로의 광고'에 대한 대처법이 되기를 바란다고 했다. 다양한 업종의 광고주, 광고업계 종사자, 광고에 흥미를 가지고 있는 학생, 커뮤니케이션 분야에 관심이 있는 일반 독자는 이 책을 통해 앞으로의 광고에 대한 힌트를 얻을 수 있을 것이다.

마케팅은 진화한다
실무에서 응용하는 최신 마케팅 기법

- 미즈노 마코토 지음
- (주)애드리치 마케팅전략연구소 옮김
- 2016년 10월 31일 발행 | 신국판 | 272면

급변하는 시장 상황에서 살아남기 위한 마케팅 전략을 선택하라!
기초에서 응용까지, 마케팅 기법의 전반을 살펴보다

『마케팅은 진화한다』는 기본으로 통용되는 마케팅 기법을 소개하고 그 기법의 장단점을 제시한다. 130개가량의 도표를 수록하면서 전문 경영 서적에서나 볼 수 있는 이론을 알기 쉽게 설명한다. 수요곡선과 매출곡선 도표, 입소문 전달과 정을 구하는 공식 등은 실무자들이 실제 상황에서 응용할 수 있을 정도로 알기 쉽게 정리되어 있다. 시장점유율에서 뒤처지는 후발 주자라면 어떻게 마케팅을 해야 매출을 끌어올릴 수 있을까? 가격은 어느 수준에서 설정해야 경쟁에서 유리할까? 이 책은 이러한 질문에 해답을 줄 수 있을 것이다.

그뿐 아니라 고객의 니즈를 파악해 최적의 제품을 구매하는 여러 기법도 소개한다. 멘탈시뮬레이션이나 브레인스토밍, 페르소나법, KJ법 등은 실제로 효율적으로 마케팅을 하기 위해 마케팅 현장에서 사용되는 기법이다. 소니의 이부카 마사루 명예회장은 개인적으로 비행기 안에서도 깨끗한 소리로 음악을 들을 수 있기를 원했고, 이는 공전의 히트 상품인 워크맨의 발명으로 이어졌다. 소비자들이 인식하지 못한 소비자 니즈를 파악하는 데 위에서 제시한 기법들이 도움이 될 것이다.